大数据背景下的会计人才培养策略与创新研究

郭皓 著

延邊大學出版社

图书在版编目（CIP）数据

大数据背景下的会计人才培养策略与创新研究 / 郭皓著. -- 延吉 : 延边大学出版社, 2023.7
ISBN 978-7-230-05235-1

Ⅰ. ①大… Ⅱ. ①郭… Ⅲ. ①财务会计－人才培养－研究 Ⅳ. ①F234.4

中国国家版本馆 CIP 数据核字(2023)第 132246 号

大数据背景下的会计人才培养策略与创新研究

著　　者：郭　皓
责任编辑：胡巍洋
封面设计：文合文化
出版发行：延边大学出版社
社　　址：吉林省延吉市公园路 977 号　　邮　　编：133002
网　　址：http://www.ydcbs.com
E-mail：ydcbs@ydcbs.com
电　　话：0433-2732435　　传　　真：0433-2732434
发行电话：0433-2733056
印　　刷：三河市嵩川印刷有限公司
开　　本：787 mm×1092 mm　1/16
印　　张：9.25　　字　　数：200 千字
版　　次：2023 年 7 月 第 1 版
印　　次：2023 年 8 月 第 1 次印刷
ISBN 978-7-230-05235-1

定　　价：60.00 元

前　言

随着时代的发展和社会的进步，我们已经进入大数据时代。大数据给我们带来的不仅是海量的数据，还有隐藏在其背后的诸多秘密和规律。这些数据的获取建立在互联网技术快速发展的基础上，建立在各种社交软件的应用上，也建立在人类对社会规律的不断探索上。在会计行业的发展、会计准则与国际惯例相协调的大时代背景下，更新会计专业的教育理念、调整会计人才的培养策略是我国会计教育的必由之路，同时对推动会计学科的建设与可持续发展、培养大批适应市场需求的复合型会计人才具有重大的现实意义。

本书以“会计人才培养”为研究主题，结合大数据时代的背景特点，从会计人才的培养理念入手，论述大数据时代对会计人才的需求，分析当前会计人才培养模式的实践现状，探索大数据时代会计教学改革的可行性，并对大数据时代下会计教学改革的创新路径以及面对的问题和挑战进行了详细的研究。本书对会计教育在人才培养上紧跟时代发展起到推动作用，对会计教育人员、会计从业人员有学习和参考价值。

笔者在撰写本书的过程中参考了大量的资料，并得到许多同人的支持和协助，在此谨向资料的提供者和作者表示衷心感谢。受笔者的知识和实践经验所限，书中难免有不足和疏漏之处，欢迎广大读者提出宝贵意见。

目　录

第一章 大数据与会计人才培养理论研究

第一节 大数据应用型专业人才培养研究

一、应用型专业人才及其能力结构

（一）应用型专业人才的认知

应用型专业人才的核心是“用”，本质是“学以致用”，用所学的知识和实践服务社会。陈飞认为，所谓应用型专业人才是指具有本科学历层次，拥有基本理论知识且能将成熟的技术和理论应用于实际生产和生活的专业人才。

高素质应用型专业人才是社会的高层次人才，在知识和能力上要求较高。在人才培养层次上，中等职业学校和高等职业学校培养中、高级技能人才，高等院校培养应用型专业人才。本科层次的职业教育主要培养应用型专业人才，在改革部分高等教育的情况下，针对社会发展的需求，培养能够应用客观规律和科学原理改造世界，为人类社会的发展创造效益的应用技术型人才。社会发展既需要能够不断发现新知识的学术型人才，同样也需要能够应用知识的应用型人才，两者相辅相成，共同服务于社会发展。本科应用型专业人才虽然培养方式各异，但总的来说都具有很强的社会适应性，要求其掌握相关的理论知识、实践能力和一定的学术能力。在本书中，应用型专业人才是指通过本科层次的教育而具有扎实的知识体系、卓越的实践能力、优秀的科学研究能力和工程能力的人才。应用型专业人才能够为一线生产提供必要的技术支撑，应用理论知识创新解决工作过程中的难题，提供智力支持。

应用型专业人才的特征首先是人才培养的应用性，在目标上培养服务一线、反映市场需求的技能型人才。“应用”是高校专业设置应遵循的核心思想与理念。科技的发展和社会产业结构调整导致应用型专业人才需求的类型和层次都发生了很大的变化，需要大量的具有知识转化能力的应用型专业人才，密切联系产业，特别是区域产业的发展，培养能够服务一线生产、建设及管理的专门人才。在专业设置和人才培养的过程中，都要求将学生的职业能力培养放在重要位置。如德国的应用科技大学以培养应用能力为核心，契合市场发展需求，同时在“双师型”教师的培养培训以及课程设置上都强调应用能力的培养；英国多科技术学院与当地的工商业联系紧密，采用“三明治”教学方式培养学生的应用能力。

高等性也是应用型专业人才的另一个重要特征。在教育层次上，应用型专业人才与学术型专业人才同属于高等教育培养的成果。创新高校的发展方式，从单一的发展模式变为多元化的发展模式，这既是社会发展的要求也是高等教育发展的要求。另外，与其他本科院校不同的是，培养应用型专业人才的院校更强调应用性的学术研究，注重将科学文化知识转换成具体的生产力，从而为社会发展提供智力支持。

在知识和技术方面对应用型本科学生的要求更高，同时社会也更加需要具有高知识和高技能的高层次应用型专业人才，并优化技能型人才结构，强调对专业能力的培养，注重在整体的思维下进行工作。

应用性和高等性是应用型专业人才培养的重要特征，对现代社会的经济发展都有着非常重要的意义。

（二）应用型专业人才的能力结构

应用型专业人才的能力包括高素质、知识能力、高技能以及良好的工程能力，这些都是高校在培养应用型专业人才的过程中不可缺少的。其中素质是基础，知识是保证，技能是本质。

1.高素质是应用型专业人才培养的基础

高素质是道德素质、终身发展素质和创新素质的综合体现，这些构成应用型专业人才培养的基础。道德素质是精神文明建设的内容，学生作为公民，应自觉遵守公民基本道德素养。遵法守法、文明诚信、团结友善，进取并服务社会，这些都是作为一名普通的社会公民应该拥有的基本素养。道德素质是学生自身的道德素质水平、个人修养和职业道德的集中体现，对学生的个人魅力有着潜移默化的影响。应培养学生的爱岗敬业和艰苦奋斗精神，使其成为一名对社会有用的高素质人才。

在社会信息化、经济全球化的背景下，只有终身学习才能适应社会的发展和变革。终身发展素质是在现代科技发展日新月异的背景下社会对当代大学生的要求。只有终身学习才能满足当代社会生存和发展的需要，同时也能保持自身全面、协调、持久的发展态势以适应社会变化。培养应用型专业人才强调在全面发展基础上的应用性，是个体完善自我、发展自我的重要手段。

创新能力是应用型专业人才的重要素质体现，创新发展是我国现阶段乃至更长时间内的发展理念。创新素质是创新精神、创新能力和创新人格的综合表现，对应用型专业人才的培养不仅仅是对其知识和技能的培养，也应该包括对其终身发展和创新素质等能力的培养。

2.知识能力是应用型专业人才培养的重要保证

丰富的知识是应用型专业人才培养的重要保证。掌握全面的知识结构和扎实的理论体系是应用型专业人才培养的首要条件，其主要包括通识知识和专业知识。

通识知识反映学生的文化底蕴、人文知识的广度和深度，对其成长和发展起着润物细无声的作用。通识知识的教育能强化应用型学生的素质教育，不断塑造学生的思想道德素质、文化素质、专业素质和心理素质，从而培养高素质的学生和劳动者。通识知识的教育贯穿应用型专业人才培养的始终。

专业知识是学生专业素养的重要体现，是学生形成专业能力的重要内容。对应用型专业人才来说，专业知识是高技术技能的基础，也是科学技术发展和创新的基础，缺乏专业理论知识的技术技能很难具有发展潜力。不仅要全面、透彻地掌握专业知识体系，也要及时把握专业的最新发展动态，将新知识、新理念和新技术贯穿在生产实践中。扎实的专业知识也会促使学生利用专业的眼光看待和解决问题，促进其自身的专业化发展。丰富的专业知识是培养高级应用型技术技能人才的需要，是培养高层次应用型专业人才过程中非常重要的环节。

3.高级技术技能是应用型专业人才培养的本质

应用型专业人才培养针对的是社会的高层次需要，只有高技能才能满足社会市场的需求。

具备扎实的基础技能和专业技能，要求其本身就是高级技术技能人才。应用型专业人才应具备的能力包括：基本技能、专业技能和实践指导能力。基本技能是指技术应用过程中对基本方法和基本技巧的认知和掌握，具有很强的迁移能力。在全球化的背景下，科学技术的发展日益迅速，岗位的淘汰与更新也十分迅速，学生需要不断地学习新的知识以适应时代的发展。基本技能既是专业技能的基础，也能帮助学生形成其他新的专业技能保障，帮助技术技能人才快速适应时代发展要求。

本科应用型专业人才培养兼具职业教育的属性，职业教育事业的发展“以市场为导向，以就业为目的”。专业技能是应用型专业人才培养的核心，是专业知识和基本技能的升华，可以为就业积累资本，这也是专业技能的核心价值所在。市场的需求决定了学生不仅要有扎实的理论功底，也要有高超的专业技能。

二、应用型专业人才培养的理论依据

（一）合作教育的理论

合作教育是将学习与工作有机结合的一种教育模式，工作被列入学校的教学计划之中，学生边学习边工作。合作教育思想形成于 20 世纪初，来源于学习和实际工作锻炼相结合的思想。

合作教育将课堂上的学习与工作中的学习结合起来，学生将理论知识应用于与之相关的、为真实雇主效力且通常能获取报酬的工作实际中，然后将工作中遇到的挑战和增长的见识带回课堂，帮助其在学习中进一步分析与思考。

合作教育是把课堂学习与相关领域的工作经验结合起来的一种结构性教学策略，学生的工作领域是与其学业或职业目标相关的。合作教育是学生、教育机构和雇主间的一种伙伴关系，参与的各方有自己特定的责任。

合作教育的不同解释主要分为三种：一是合作教育是一种将校内的学习与校外真实的工作经历结合在一起的教学策略，学生在校外的工作往往与他们所学的知识有直接的联系；二是合作教育是一种将课堂学习和与学生所学知识有关的校外工作分阶段结合起来的教育方法；三是合作教育是将学生参加的真实工作作为常规，使其成为课程设置中必不可少的一部分的教学计划。

从上述关于合作教育的基本论述中可见，合作教育的核心在于将学生的校内学习和校外的工作实践有机地结合在一起，让学生从封闭的校园中走出来，从事相应的工作，由学校和用人单位共同培养学生，使教育与实际劳动有机地结合。

合作教育带有很深的现实主义和实用主义痕迹，其教育思想的可贵之处在于强调学校教学和实际工作相结合，学生在校期间就能获得实际工作经验，把学校学习和毕业就业有机地结合在一起，在校期间就可以获得一定的工作能力，毕业以后能够很快地适应职场和所从事的工作岗位。合作教育理论为现代职业教育理念的发展奠定了良好的基础，开阔了开放性合作办学的视野，打开了现代高等教育校企合作、工学结合的大门。

（二）能力本位教育的理论

能力本位职业教育主张职业教育的主要任务是提高受教育者的职业能力，而非理论知识的掌握程度；在教育教学过程中，强调企业能够全面参与到教学活动中来。能力本位职业教育思想形成于20世纪六七十年代的美国，主张职业教育的主要任务是提高受教育者的从业能力，以获得岗位操作能力为目标，提倡以能力为基础的职业教育体系。到20世纪七八十年代末期，能力本位的教育思想日趋成熟，并被广泛地应用于世界各国的职业教育和培训领域。

能力本位的教育思想强调对职业活动、工作任务进行全面分析，以确定受教育者在工作中必须掌握的职业工作能力。在教学过程中，强调学生的主体地位，以工作岗位所必须具备的能力为出发点，确立人才培养目标，开发课程，设计教学内容。能力本位之所以能够得到教育界的认可并盛行，其主要原因在于当时的企业界认为职业教育与受教育者的岗位工作相关性不大，职业教育更多地侧重于知识与理论的传授，而非实际的操作能力，而企业迫切需要的是受教育者在工作中的实际工作能力。

能力本位教育理念以培养符合社会经济发展和企业需要的具有实际职业能力的劳动者为根本目的，强调教育要与工作实际紧密相连，职业教育不仅要注重受教育者当前知识、能力的获得，更要注重对其后续发展和可持续发展能力的培养。这不但要求学生具有一定的理论基础，具有良好的后续发展能力，同时还要具备过硬的岗位工作技能、良好的职业道德、诚信品质、敬业精神和责任意识。

（三）“教学做合一”的职业教育思想

“教学做合一”强调教育必须与社会生产实践有机结合，教师的教学要有实践基础，要结合实际工作进行教学，要理论联系实际。从这个角度而言，“订单式”人才培养模式继承了陶行知实践教育的思想。通过校企双方签订合作“订单”这种形式，实现教学和实际工作的有机结合；根据学生毕业以后所从事的实际工作，明确其岗位工作能力与技能，从根本上解决学生在校学习的岗位针对性、知识应用性等问题。

同时，高校在校企合作中，能够充分发挥科学研究的作用，帮助企业解决实际工作中所遇到的各项难题，促进生产技术的应用和知识、技术的创新，从而进一步深化校企合作，强化社会服务能力。从这一角度来说，“订单式”培养模式所蕴含的教育理念又是对陶行知教育思想的进一步深化。

（四）“双元制”的教育理论

“双元制”概念是 1964 年由德国教育委员会提出的。“双元制”是一种学生在企业里接受职业技能培训，在学校接受专业理论和普通文化知识教育的教育形式，是将传统的学徒制和学校教育有机地结合在一起的校企合作育人模式。学生必须先与对口的培训企业签订学习合同，然后才能在学校注册。学校的理论学习和企业的实践训练比例为1:1。具体而言，学校的教育教学就是根据入学者与企业签订的合同，让入学者在学校以大学生的身份，在企业以准员工的身份，接受工学交替的双元制高等教育和职业培训。

订单式人才培养将学校教学和岗位培训有机地结合在一起，实现学历教育与岗前培训的有机结合，受教育者以学生和企业的实习员工双重身份接受教育，在学校和企业分别接受教育，这与德国的“双元制”教育理念有着异曲同工之妙。

三、应用型专业人才培养目标

构建应用型专业人才培养模式，必须首先做好构建应用型专业人才的培养目标和培养规格工作。明晰人才培养目标和培养规格是教育教学最基础的工作，是对人才培养两个根本问题的首个问题“培养什么人”的回答，是教育资源要素科学配置的基本依据，也是构建人才培养模式的基本依据。

（一）人才培养目标制定的依据与构成

1.人才培养目标制定的依据

（1）经济社会对人才的基本需求。经济社会对人才的基本需求包括：素质需求、知识能力结构需求和类别结构需求。经济社会对人才培养目标和培养规格的要求，是拥有最大话语权的要求，是制定人才培养目标最重要的依据。能否客观反映社会需求，直接决定着毕业生的就业心态、就业率和就业质量。能够培养出符合经济社会基本要求的各类人才的教育，就是高质量的教育；不符合经济社会基本要求的教育就是质量不高的教育。

（2）教育类别定位，即高校类别是应用型大学，还是研究型大学；人才培养属性类别是应用型人才，还是研究型人才。

（3）生源整体素质结构状况。它在很大程度上影响着对学生的培养方向，如基础知识水平相对较低的学生，要定位培养为高水平的研究人才，成功率会较低；但要定位培养为某方面的应用型人才，则成功率会较高。

2.人才培养目标的构成

（1）基本素质要求，包括政治思想、道德品行、人文素养等要素。

（2）专业基础知识和专业核心知识。

（3）能力特色，包括专业素养及专业核心能力、职业素养及职业核心能力、创新创业能力等要素。

（4）就业适应的行业领域。

（5）适应的职业岗位、职级层次、发展潜质及实现职业目标的职业发展路径。

（二）坚持科学严谨的态度与方法

1.设定培养目标存在的问题

（1）没有充分认识人才培养目标的基础性作用。一是没有充分认识到设定人才培养目标是构建人才培养模式的有机构成部分，且对创新人才培养模式具有引领性作用；二是没有充分认识到人才培养目标与教育教学的内在联系，把设定人才培养目标看成孤立的单项工作；三是由于缺乏对其基础性作用的认识，在具体工作中缺乏严肃、严谨的学术态度。

（2）没有突出个性特色。这是同质化在人才培养目标上的反映。一是基本上沿用高等教育转型前的提法，或者套用其他先开设同类专业的学校的表述，或者只做了些简单的文字修改，没有反映每个专业人才培养目标的基本特点和时代要求，更没有注意构建本校专业人才培养目标的个性特色；二是就业领域指向宽泛，基本都是千篇一律的“机关、企事业单位、学校、研究机构”，没有反映出其专业核心能力的强势就业方向、行业岗位；三是没有注意到高等教育大众化阶段就业格局的新变化，动辄要培养某方面的

“高级人才”，没有认真研究与教育大众化相伴产生的人才需求多元化、就业大众化的趋势所带来的就业职级层次、就业领域等发生的重大变化。

（3）忽视了人才培养目标对学习、就业的源头性影响。不同的人才培养目标和培养规格，会对学生的学习内容、学习方法、学习目的产生不同的导向。符合经济社会发展的结构性需求、素质需求的人才培养目标，可以对学生成长成才形成正确的导向，促进学生的全面发展和个性发展，并有利于就业竞争力和职业发展力的形成。脱离社会经济发展需求的人才培养目标会对学生产生错误的导向。这种误导在实践中造成的后果是显而易见的：许多毕业生走入社会后，长时间处于思想迷茫状态，不适应社会环境，不适应职业环境，找不到职业感觉，甚至走了许多弯路。这在很大程度上是教育造成的，因为我们的人才培养目标和培养规格出了问题，我们的人才培养模式出了问题。

2.制定培养目标需注意的问题

（1）开放式制定人才培养目标。制定人才培养目标和培养规格，特别是应用型专业人才培养目标和培养规格，一定要走出校门，深入行业、企业进行调查研究。首先，态度要真诚。诚恳听取社会对毕业生的评价，实实在在地了解社会经济建设对人才培养的真实要求，发现高校人才培养中存在的突出问题，切不可自以为是地生造目标。人才培养质量由学校一方评价的时代已经过去，必须学会尊重社会用人需求的话语权。其次，方法要科学。一定要认真做好调研准备工作，明确调研主题，研究调研方法，设计调研方案，预先与企业沟通，务求实效，不走过场。否则，即使到企业调查了，也未必能得到多少有价值的信息。

（2）充分反映专业特点及行业职业基本要求。各个专业及相关行业的职业特点存在差异，这决定了人才培养目标和培养规格，也决定了制定人才培养目标和培养规格的严肃性和艰巨性。因此，必须以科学的态度和严谨的学风进行差异化调研，在大量艰苦的调查研究的基础上，尽可能深入地掌握一手资料。

（3）分层协同制定人才培养目标。制定人才培养目标和培养规格是一项工作量大，又很严谨、专业的基础性工作，仅靠一个研究班子是不可能完成的，必须由学校和二级学院（系）两级协同，由学校与专业负责人共同制定。以学校为主负责拟订体现学校人才培养目标定位的共性内容要求，以二级学院（系）为主负责拟订本院（系）开设专业的人才培养目标的个性内容要求，最后整合为既反映学校人才培养目标定位的共性要素要求，又反映专业人才培养个性要求的各个专业的人才培养目标和培养规格。

（4）建立人才培养规格的动态调整机制。经济社会人才需求是一个动态概念，学校要密切关注经济社会发展对人才需求的新变化，对人才培养规格中某些不适应的要素，要及时进行适应性调整，或者进行新的诠释。

（三）科学评价教育质量标准

评价教育质量最重要的标准就是能否客观地反映社会发展的根本需求，这也是制定人才培养目标和人才培养规格的基本依据。所以，不能用过程性评价指标替代目标性评价指标。

课堂教学、实践教学、素质拓展教学等，只是实现人才培养目标和培养规格的路径和方法，其本身的运作水平并不能等同于教育质量水平的标准，目标性评价指标不能与过程性、方法性评价指标混为一谈。如果人才培养目标出现了大的偏差，那么实现人才培养目标的方法运作水平再高，也不能说教育质量高。这是高校在教育运作实践中常常出现的一种现象。高校要学会尊重社会需求的话语权。当然，这里所说的话语权，不是某一个或某几个用人单位的具体的、个体的诉求，而是基于行业产业的整体视角科学地进行社会调查产生的结果。

第二节 大数据时代会计人才培养的新需求

一、会计教学改革的需求分析

（一）会计教学环境现状分析

教学环境就是影响教学活动的各种外部条件。在现代教育技术条件下，教学环境包含两个方面的要素，即各类资源和递授系统。当前，我国高校会计教学要特别注意以下环境因素的变化和影响。

1.社会环境变化对会计教学的挑战

社会环境对会计的发展产生的影响不仅是具体的，还是直接的。政治体制的不同影响着政府对经济资源的控制与管理，在宏观上，表现为对经济资源的控制与管理方面有着不同的要求和侧重点。在微观上，不仅在对资产的确认和计量方面不尽相同，在会计的核算和处理方法上也有所不同。随着市场经济体制的确立，改革开放进程的加快，金融市场的作用变得更加重要；伴随着我国金融市场的不断发展，金融资本的作用愈发增强，诸如银行会计、证券公司会计等金融业会计显得愈发重要，相应的金融业会计等方面的内容也必须要纳入高校会计教学中，相关的教学内容也要随着经济的发展不断进行充实。

2.经济全球一体化对会计教学的挑战

经济全球一体化，是指超越国界的世界经济活动，是资本、商品、劳务及信息为实现资源最佳配置的自由流动。会计作为一种通用的商业语言，可以比作资本跨国界流动中的润滑剂，随着经济全球化进程的发展，会计由一国之内“通用”逐渐发展为全球范围内“通用”。由于社会环境等诸多因素的影响，不同国家的会计准则势必会存在巨大的差异，这成为日益频繁的国际贸易亟待解决的难题。为了避免贸易成本的增加以及资源的浪费，各国的会计准则和会计制度必须要互相进行协调。

会计国际化促进全球经济一体化发展的同时，全球经济一体化也影响着我国的会计教育，并带来了巨大的挑战。在全球经济一体化进程中，大量的跨国公司相继进入我国市场，跨国公司的本土化经营产生了大量的人才缺口，不仅仅对高新技术人才具有需求，还对熟悉世界贸易规则能力的多领域高级经营管理人才具有需求，如金融、管理等领域。在经济全球一体化的背景下，高校会计教学必须不断进行相应调整，以满足持续不断的经济全球化进程的需要。

3.信息技术革命对会计教学的挑战

现代信息技术的发展与变革，使整个社会经济的运行方式产生了翻天覆地的变化。现代化的会计信息系统是依据现代网络环境，具有高效率、智能化的一种信息管理系统，该系统不仅能够高度自动化地处理会计业务，还能够对会计信息进行主动和实时的报告，使之成为一个开放的系统，不仅可以对会计信息做到高度共享，拓展会计功能，还可以拓展会计信息系统的功能，使其在传统核算功能的基础上增加控制功能和管理功能。

信息技术革命影响着会计主体组织结构的组成，传统的金字塔式组织结构将会消失，取而代之的将是新的网络组织，上层组织与基层组织之间的关系将会更加紧密与直接，传统组织结构中的中层管理将逐步被淡化。传统会计的变革，主要是围绕着通过建立什么样的会计模式，才能对经济活动进行正确反映和监督这一问题来进行探索的。关于信息技术发展给会计带来的影响及变化内容，高校会计教学需要与之相适应，如教学内容、方法、手段等，均要与时俱进，不断更新。

4.知识经济对会计教学的挑战

在当前的知识经济社会中，不管是经济的发展还是社会的进步，均愈发依赖人的智慧和创新，即对知识积累的依赖以及对有效信息运用的依赖。以世界经济合作与发展组织为研究主体，针对其主要成员国国内生产总值进行调查，依据相关研究报告可以得知，以知识为基础创造出来的国内生产总值占有的比例超过50%。

知识经济的发展，使会计的生存环境也产生了巨大的变化。会计能够记录和反映经济的发展，它既是一种工具，又是一种手段，这就要求会计人员作为实际操作者和使用者，为适应会计环境的变化，要对自身工作方法和工作手段，做到在实践中不断进行变革和更新。会计教育体系对培养和教育会计人员起着重要作用，因此也要对其加以重视。

在知识经济社会中，以农业和工业为代表的传统经济形式依然存在，但是随着知识经济的发展，越来越多的人参与到新型经济的发展中，并且具有明显的以无形资产投入为主的特征，相应的工作岗位和业务种类也逐年增加，以便人们可以依据知识来获得高报酬。知识经济为发挥会计的职能作用提供了良好的机遇和更加广阔的空间，为更好地进行教育改革营造了良好的氛围，同时，也是其能够顺利发展的物质保证和经济支撑。

知识经济时代信息技术发展对我国会计教学产生的影响，主要是作为在教学手段及方法创新方面的技术依据，将计算机和网络技术应用到会计教学中。通过这种基本手段衍生出的一系列信息技术工具，将使会计教学方法得到极大的丰富和完善。

5.教育机构的竞争对会计教学的挑战

许多国家对我国教育市场是非常认可的，这也为我国高等教育的发展带来了挑战与机遇。挑战主要表现在：许多国家为吸引我国学生出国留学采用了多种措施，我国也放宽国外教育机构或公司进入我国合作办学的条件，这些国外机构具有较强的吸引力，直接参与到我国国内高校的竞争中，无疑是一种对我国高等教育的挑战。机遇主要表现在：通过引进国外会计教育方式，借鉴先进国家的经验，在实践中结合我国国情，促进我国会计教育的发展。

随着教育国际化的发展，网上教育也逐渐成为现实，这无疑也会对我国高校产生巨大的竞争压力。如何顺应会计教育国际化发展潮流，如何适应会计教育市场竞争的要求，是当前我国会计教育必须认真研究的重大课题。

（二）高校传统会计教学模式存在的问题

1.教师的教学理念落后

尽管高校会计教师的教学水平普遍不低，但还是有一部分教师受到传统教学观念的影响，在教学中采用满堂灌的教学方式，将会计理论知识灌输给学生，这种教学方式不仅不利于调动学生的学习积极性，甚至还会使学生失去对会计学习的兴趣。

2.教学方法陈旧

在当前的高校会计教学中，还有一部分教师，将一种教学模式照搬到每一个班级的教学中，并沿用至下一届学生，在教学方法上没有推陈出新。在高校会计专业教学过程中，应营造一种活跃轻松的氛围，会计专业教师应在课堂中灵活运用一些有趣、实用的，以及能够提高教学质量的教学方法。

3.缺乏教学实践部分

在传统的会计教学模式中，会计教师往往在一节课中将较多的时间放在理论部分的讲解上，学生在课堂中进行自主学习及课堂实践的时间是比较少的。另外，在课堂之外的教学实践中，针对会计专业进行的教学活动，组织起来是比较困难的，这些问题均导致学生学到的会计理论知识难以得到应用，阻碍了会计教学效率的提升。

（三）新时期高校会计教学的改革

1.转变教学观念，创新教学方式

高校会计教师应直面互联网时代给高校会计教学带来的挑战。作为一名高校会计教师，应清醒地认识到传统的教学观念已不适应当前互联网环境下的发展需求。不管是高校方面还是教师，均应积极吸收新的教学理念和新的教学技术，并灵活应用到会计教学实践中，真正做到由传统教学模式中的传道、授业、解惑者转变为引导者。高校会计教师只有转变教学观念，才能适应和满足互联网环境下高校会计教学的要求。

2.加强同互联网企业的合作互动

高校会计教学为满足当前互联网环境下的经济发展，应加强与互联网企业的合作，这一行为不仅对高校的发展具有重要意义，还对会计专业学生的发展有着非常重要的作用。在实践中与互联网企业进行合作，将人才输送给互联网企业，进而共同开发出一种互动体验式产品，模拟企业的经营和管理过程。通过会计电算化，高校会计专业的学生能够更多地体验到会计工作。

3.推出优质的会计教学网络课程

网络技术是互联网环境的关键。传统的高校会计教学模式已经难以满足互联网环境下经济发展的需求。高校会计教学应从网络入手，使教学模式与网络进行融合，推出会计教学网络课程，使学生能够自主选择在线课程进行学习，教师的职能也由单纯的知识传授者转变为学生学习的引导者。会计教学在不断推出优质课程的同时，应当对教学资源进行整合，通过与兄弟院校的合作真正做到资源共享，从而实现网络会计教学资源利用的最大化。

4.提高会计专业教师的素质水平

在高校会计教学整体环境中，会计专业教师无疑是普遍具有较高素质水平的。随着经济的飞速发展，互联网时代背景下，高校会计专业教师要直面新的会计教学要求，并快速适应。在新的要求下，部分会计专业教师难以适应新的教学要求，这就需要高校加强对会计专业教师的培训，不仅要培养教师的互联网思维，还要培训教师的教学业务能力，使其能够更好地进行会计教学。

综上所述，高校会计教学的质量直接影响着学生的发展，影响着学生是否能够成为优秀的会计人才。高校会计教学为适应当前互联网环境下的新情况、新要求，势必要进行改革，从而更好地开展会计教学，以提高教学的质量，促进学生的发展。

（四）互联网时代会计教学改革的必要性

随着互联网时代的到来，经济全球化的趋势进一步明显，会计教育环境也随之发生变化。面对飞速变化的世界，会计专业教育也应该适应时代发展，充分利用互联网对会计教育的有利影响。时代的变化必然对会计教学提出新的要求。

1.互联网时代学生创新能力的加强

互联网时代背景下，会计专业学生除了应具有较强的处理会计实务的能力外，还应具有创新能力。一方面，创新能力是针对具体会计工作的一种变革能力，如会计核算、会计监督等；另一方面，经济的发展与变革，对企业内部经营管理现有的各种规章制度产生冲击，为适应社会发展需要，企业内部应进行改革与完善，构建一种有效的内部控制制度。随着会计的不断发展，社会对会计人才素质的要求将越来越高，创新能力在会计人才智能结构中的地位将愈加重要。

2.互联网时代学生应变能力的需要

互联网时代背景下，由于平台广泛，市场信息的特征得以更加突显出来，如多变性、即时性和交互性。会计专业学生不仅要系统地掌握管理学、经济学、会计学等方面的基本理论、基本知识和基本技能，具备从事本专业工作的能力，更重要的是要具有适应未来复杂多变的会计环境的能力。学会如何根据已经变化的客观实际，运用所学的专业理论知识和基本原理去分析、解决实际问题，探索新的工作方法和工作领域。也就是说，衡量学生的标准不能仅看他现有的工作适应能力，还要看其从现有知识中引入新知识的能力，即看学生的潜在能力及其发挥状况。

3.互联网时代学生研究能力的提高

互联网时代，由于资源丰富，我们要接受的信息量巨大，所以，每个人都要提高各方面的能力，成为一名综合型人才。会计专业学生要具有的综合能力，不仅包括语言与文字表达能力，还包括信息获取与处理能力等。会计专业学生要掌握的基本方法有：文献检索、资料查询等，还要具有一定的研究能力。基于互联网时代对会计专业学生提出的要求，在会计教学过程中应将提高学生素质能力作为贯穿教学的轴心，不仅要培养学生的创新思维，还要提高学生探求新知识的能力。

4.互联网时代通用型会计人才的需要

互联网开放的信息资源为世界各地的学生打开了无处不在的学习之门，这将引起高等教育发生巨大的变革。在这个大背景下，高校利用移动课堂资源培养通用型专业人才将成为可能。

会计专业的学生在今后将会面临复杂多样的会计工作环境。不同行业、不同组织形式的会计工作，要求会计专业的学生不仅要具有承担会计相关管理工作的能力，还要能够胜任各行各业的会计工作，甚至是服务于特殊业务的特种会计。由于各行业会计之间的基本原理是相通的，会计专业的学生要依据自身掌握的会计基本理论和方法，来满足各行业会计的需要。因此，在高校会计教学方面应重视学生对基本理论和方法的掌握，不去强调课程设置与行业划分是否一致。

二、创新助力会计工作转型升级

随着信息技术的兴起，为适应和引领经济发展新常态，需要在我国现代化进程中充分融入信息化。

（一）推进会计信息化创新的重要意义

会计信息化是当今世界发展的必然趋势，会计工作贯穿于经济社会发展的方方面面，并与信息化建设存在着相辅相成、相互促进的紧密关系。随着信息技术创新的快速发展，关于推进会计信息化工作创新的意义，主要有以下几点：

1.有利于顺应发展趋势与落实国家信息化战略

（1）推进会计信息化工作创新是信息技术发展的必然趋势。信息化是在经济社会发展转型的进程中的一种历史必然，是推动经济社会发展转型的一种变革力量。通过信息化技术，来对信息资源进行开发，在加速信息交流和资源共享发展进程的同时，提高经济以创新引领会计信息化，助力会计工作转型升级。

（2）推进会计信息化工作创新，是使国家信息化战略得以充分贯彻落实的重大举措。在国家会计信息化发展进程中，会计信息化作为其中的重要环节和基础工程，对全社会信息化水平的提高起到了不容忽视的作用。在当前信息化背景下，会计为满足新时代的新要求，应对先进的信息技术不断进行创新应用，以实现对会计信息功能深度挖掘的目的，使会计的管理职能得以充分发挥，进而在经济社会发展中充分显示出会计的重要作用。

2.有利于顺应市场经济发展要求和提升管理水平

（1）推进会计信息化工作创新，是顺应市场经济的发展要求。会计是一种通用的商业语言，通过会计信息能够充分显示出企业的经营状况，有效地引导资源配置，对市场供求的价格形成机制进行完善。

（2）推进会计信息化工作创新，是提升企业经营管理水平的依据，是使会计工作职能得以提升的依据，也是提升手段转型升级的依据。推进会计信息化工作创新主要具有以下四个方面的战略意义：

第一，在会计信息生成与披露方面，能够促进其实现标准化、规范化。

第二，在会计信息与企业业务信息方面，能够促进其实现同步化、集成化。

第三，在电算化条件下的信息传递转变。首先，由实时在线的信息取代传统的时效迟滞的信息；其次，由联结价值链的整合信息取代传统的相对单一的信息；最后，由多向“批发”的信息取代传统的单向“零售”的信息。

第四，具有重要的战略意义，有利于企业做出科学的决策、整合信息资源等。

3.有利于顺应经济全球化发展要求与参与国际规则制定和协调

（1）推进会计信息化工作创新，是顺应经济全球化发展的要求。当前社会环境的多元化发展以及全球治理体系的深刻变革，充分显示出信息化在未来发展中能够起到的重要作用，可以说拥有先进的信息化技术，就是拥有了未来发展的先机与优势。

（2）推进会计信息化工作创新，是参与国际规则制定和协调的必然选择。从我国会计审计准则体系建设和国际趋同等效的经验可以得知，在相关规则制定的过程中要将被动转变为主动，要将一般建议转变为施加影响，要将追赶国际规则逐渐转变为自己的某些规则，使之上升为国际认可的通用规则。这些转变不仅有利于维护国家经济安全，还在国家根本利益和长远发展方面，具有重大而深远的意义。在推进会计信息化工作创新的进程中，全面介入国际会计信息化标准方面的相关工作，通过参与研究与制定工作，来使我国在会计信息化标准方面的国际影响力得到充分的发挥，进而促进我国会计信息化领域的标准通过不断变革与创新，成为国际标准，使我国会计信息化工作踏入世界先进行列。

（二）会计信息化工作的效果

1.基本完成会计信息化工作的顶层设计

会计信息化工作在多方面的共同努力之下，先后建立了以下三个协同机制：

（1）会计信息化委员会，是指我国会计信息化标准体系建设、实施和管理工作的咨询机构和协调机制。

（2）可扩展商业报告语言中国地区组织，是指可扩展商业报告语言国际组织的正式国家地区组织成员，由会计信息化委员会的成员单位组成，是我国可扩展商业报告语言工作国际交流平台，负责推动可扩展商业报告语言在我国的应用。

（3）全国会计信息化标准化技术委员会，是指负责制定会计信息化领域国家标准的专业技术委员会，负责起草和制定会计信息化领域的国家标准。

2.扩展资本市场、国有资产和保险等监管应用

可扩展商业报告语言的应用领域正在不断扩大，当前已应用的领域有：国有资产财务监管、资本市场信息披露等。在我国上海和深圳证券交易所，所有上市公司在年度和季度财务报告披露中使用了可扩展商业报告语言。在监管领域应用可扩展商业报告语言，能够促进监管效能提升。支持与使用可扩展的业务报告语言的监管机构数量日益增加，在我国的应用范围也在不断扩大。

3.扩展商业报告语言对企业的应用价值

基于通用分类标准，一部分企业正在寻求可扩展商业报告语言应用领域，主要表现在由对外报告领域向内部应用领域扩展，并启动了相关应用项目，这些项目通过应用可扩展商业报告语言，对存在于企业内部的数据，进行了统一标记，并且形成了一种统一的结构化数据体系，从而成为提高管理会计质量的有力数据支持。近年来，多个项目通过可扩展商业报告语言的应用，取得了不错的成果，越来越多的企业正在为实现可扩展商业报告语言的内部应用而不断探索，充分体现出可扩展商业报告语言在我国企业的内生动力方面正在逐步加强。

4.扩展数据的互联互通显露雏形

基于会计信息化委员会成员的支持，相关财政部门逐步在财务报告领域和不同监管领域建立了一系列可扩展商业报告语言分类标准系统，这些分类标准彼此兼容，可以说为可扩展商业报告语言数据的互联互通奠定了坚实的标准基础。

在可扩展商业报告语言分类标准系统中，财务报告领域的通用分类标准主要是由财政部负责制定的，财政部还负责联合监管部门，实现对不同监管领域通用分类标准的扩展分类标准进行制定。不管是通用分类标准，还是扩展分类标准，均是采用相同的技术架构，并且在监管报告中若是涉及财务概念、监管分类标准方面的内容，这时应直接引用在通用分类标准中的定义。通过统一的分类标准，使可扩展商业报告语言数据之间的兼容性得到保障，从而进一步为监管机构之间的数据的互联互通提供基础。企业可以在同一信息系统中设置不同监管机构的分类标准和报送要求，实现自动组装和生成不同监管机构的报告，可以有效减轻对外报送的负担。统一标准下的数据互联互通，随着监管扩展应用范围的日益扩大，其优势将逐步显现出来。

三、会计教学改革的发展形势

（一）互联网时代会计行业的发展趋势

我国会计改革和会计行业的发展与开放已经取得了显著成就，对外贸易不断发展为我国会计改革和会计行业的发展提供了良好的外部环境。会计教育应根据会计人才市场、会计职业资格设定、会计人才培养目标、课程设置和教学模式设定。

1.网络互联为会计行业的发展提质增效

（1）信息传导实时呈现。互联网的发展以及会计专业软件和财务管理平台的相继出现，可以充分显示出企业的每一项资金流动，并且是全景监控的实时动态反映。随着会计行业的变革，会计核算的范畴也在不断扩大，不管是在企业的资金流动方面，还是在企业的运营流程方面，均显示出更加透明化的趋势。作为企业的管理者，通过远程监控系统，可以对子公司以及企业的上下部门实现统一管理。远程监控系统不仅可以将资金流向和财务发生的相关信息第一时间传达给管理者，还可以实时生成相应的报表；不仅真正做到了动态会计核算，还做到了在线财务管理。另外，生成的协同报表还可用于相关部门的监管审查，使会计业务实现一体化，简化工作流程。在企业中同样也可以利用互联网实现远距离部门之间的互联互通，有利于集中财务数据，并采用多种模式进行加工处理，以实现更好地服务管理者。

（2）信息呈现快捷。当代企业通常采用多种方式来实现集团化，如规模扩张、兼并重组等方式。在全球化背景下，跨地区、跨国经营的企业发展已是常见现象，因此，当前企业的财务掌控和管理，是离不开互联网和专业财务平台的。财务管理模式受到网络环境的影响，其发展与变革对财务信息的收集和加工处理程序产生了一定的有利影响，使其变得更加简易化、集成化，企业财务信息范畴也有所扩展，表现在由传统会计的单纯的计算报表，逐渐扩展为以网络会计技术为中心的应用发展，如跟踪定位、单证交换等。当前企业的管理工作正处于过渡阶段，由制度控制转变为程序控制。信息的全面快捷，主要是从管理者的角度出发的。首先，网络财务管理中心充分满足了企业管理者的管理需求，通过索引数据，就能获取完整的数据流，可以实现个性化的管理。其次，企业可以利用互联网建立数据库，将企业各个时期的各种财务指标进行储存，有助于与其他企业的相关财务指标进行分析比较，可以更好地服务决策者。

（3）信息共享便利。随着互联网技术的普及，企业内部的会计信息更加透明化，主要表现在信息处理加工和报表呈现两个方面。企业相关部门为满足不同的财务需求，通过网络来完成财会数据的采集以及获取一些企业外围信息。使用互联网不仅能增强信息的集成功能，还能增强信息的整体管控性，实现优化财务运作。随着软件管理的不断发展与完善，防火墙技术、信息安全性均得到进一步的增强与保障，企业管理者通过网络安全授权，不仅能够直接获取全方位的财务管理信息，还能实现实时网络信息资源共享。互联网技术使信息的收集、传输和处理更加顺畅，提高了财务的运作效率，增加了财务详报的可靠性，进而为决策者提供了充实的决策依据。

2.网络互联为会计人员的转型带来新机遇

传统财务工作范畴受到互联网和大数据飞速发展的冲击，已经由金融核算、财务报表等方面的工作内容，步入现代化管理体系的行列之中，财务报表转变为以战略规划、风险控制等方面为工作重心的管理体系。因此，会计从业人员工作的转型发展，主要表现在由传统的核对工作，逐渐转变为专业化的管理工作上。

（1）从数据采集到数据加工的转型。会计人员的工作正处于从低阶数据收集到高阶数据处理的过渡阶段。传统模式下的会计预决算，其运行过程存在的弊端，如存储数据不足、从业人员技能素养水平不高等问题，干扰着预决算数据的准确性。即使是基于企业内部数据和历史数据而进行的预决算，也存在着诸多缺陷，如过时化、碎片化等。会计行业受到互联网飞速发展的冲击，带来了职业会计人的转型契机，主要表现在工作重心的转变上，由数据收集者过渡到数据加工者。互联网的发展，为会计行业信息的收集带来了新气象，使之更加简便，会计专业软件，使会计信息可以得到各个层面的加工，处理过程更加透明高效，在会计财务核算方面更为规范化，在会计财务监督方面更具准确性、科学性。

（2）从操作者向管理者的转变。在当代，随着互联网、大数据的飞速发展，传统会计人员的操作者身份已经难以满足新时代的新要求，因此应将其逐渐转变为管理者。会计从业人员应与其他部门进行多个角度的连接，进而开设多方账户，并纳入现金流量预测、银行会计核算、资金核算控制、财务管理等业务，建立会计电算化数据集。会计从业人员应与其他行业建立对接以及进行数据交换，这样一来可以增强财务信息的可靠性、准确性，能够使财务管理更加合理，使反馈的财务数据更加有序、及时，使商品交易进一步得到满足的同时，使企业内部管理控制与决策的需求同样得到满足。

受网络大数据的影响，传统会计从业人员已经难以满足客户对信息核算处理等方面的需求，传统的财务报告存在的一些弊端也逐渐暴露出来，如人为操作错误率高等，难以满足商业发展的需求。传统会计从业人员作为简单的数据操作者，为适应新要求，应进一步转变为管理者，通过报告系统来使财务报告真正实现自动化、实时化、无纸化。会计从业人员应通过计算机和云技术建立起一个强大的数据库，利用专业性的会计软件，使财务信息的载体发生转变，由传统会计的数据传输计算，逐渐转变为对符号的加工。采用信息化技术，有助于以最短的时间完成会计报告的生成，大幅缩短了会计报告的上传、计算、归类和组合时间，并且最大程度地满足特定财务的需要。网络传导状态下的财务信息，是对会计报告传输形式的根本性改变，不仅减少了人工消耗，还有效地减少了传递成本。

相关专业软件能使会计报告及时生成，也缩短了审计人员的审计时间。公司管理部门在国家统一标准之外的审计内容也发生了转变，那就是由按照统一标准产生的信息经过发展逐渐转变为特定要求定制的报告模式，有利于失误的减少。利用信息化技术还能对历史和已发生财务关系的内容进行多角度的总结和分析，进而对未来的经济状况进行预计。

综上所述，会计工作的不断发展与变革，将会使会计教学更加多元化，更加全方位。

3.互联网为会计职能的转变创造新环境

会计的职能正在经历一系列的转变，从数据处理这一职能来说，正在由收集处理和造表提供逐渐转变为对比应用和决策辅助，会计程序正在由事后核算逐渐转变为事前的预测评估。会计职能的这些发展趋势，有利于从更深层次探索会计行业的职业内在含义。

（1）发挥会计预测分析和监督监管功能。当前，新型的会计职能可以追踪和记录企业的一系列经营活动，即企业的预算决算执行过程与结果。会计报表和数据指标可以通过软件和数据平台来进行定期编制，为管理者的考核运营目标提供依据，根据这些可靠有效的资料信息进行下一步的综合平衡决策。依托具有专业性、市场化的相关软件应用，可以为企业生产经营活动减少计算误差、缩短时耗。互联网对于企业经营活动能够起到的作用如下：

①通过互联网可以使企业内部信息的流动更为安全有序。

②利用互联网开立账户，可以对各项财务业务进行分类的、连续的记录。

③伴随着各项经济业务的发生，各会计要素的情况也会发生变化，通过互联网能够充分展现出其中的增减变动情况和结果，经济管理者可以从中获取到各种类型的会计指标。

④互联网为会计业务往来带来了极大的便利，利用互联网可以进行异地远程结算，对相关报表可以做到及时传输，对会计信息通过合理使用表格和图表，加以幻灯片等方式进行演示，这大大增加了会计信息的可视性。

⑤依据网络环境而建立的会计信息系统，作为在电子商务方面必不可少的组成部分，有利于企业各部门间的合作，如管理、成本、财务等部门之间的融合，以解决对会计职业本身专业化的需求。

⑥由于电子商务模式会直接导致会计信息容量增强，这时就更加需要在财务与业务之间，通过互联网来实现协同远程报表、财务披露以及查账等项目的往来。

（2）将会计工作的重心转移到协调管理中。行业间互联在满足了决策者需要的同时，也给传统会计行业带来了冲击与新的发展机遇，冲击体现在行业间互联不仅改变了会计行业原有的经营模式，还改变了会计行业原有的工作运营环境，增加了资本流动，使商业发展脱离了时间与空间的限制。行业间互联为会计行业转型带来了新的契机，作为会计从业者和职业会计人要及时抓住这一发展机遇，通过不断学习与调整，在行业发展方面加强与市场、与国际的接轨，适应在当前互联网环境下，电子商务的发展进程，有利于更好地服务于企业发展和公司决策。

（二）互联网时代会计教学的发展趋势

1.基于互联网模式整合会计教学资源

在当代，随着网络信息的快速发展，“互联网+”应运而生，整合传统教学资源，对会计实践教学来说非常重要。会计专业会涉及企业保密信息，导致相关企业更愿意招聘一些具有一定实践技能的人员，而不愿接受一些实习生，这就要求高校进一步加强对学生业务处理能力和实际操作能力的培养，必须结合实践培养出能够适应当前互联网时代发展、符合当下企业需求的会计人才，依据互联网的优势，通过大数据平台来对学生的综合能力进行培养与提升。

2.教师采用慕课、微课等新的教学方式

互联网的发展给传统教学模式带来了冲击，受到网络新媒体的影响，传统教学模式正逐渐迈向多元化。新的时代背景要求高校教师不仅要具备互联网思维，还要具备相应的互联网技术。创新是教育改革的重要组成部分，高校会计教师要顺应时代的发展，利用互联网来进行教学方式创新，如慕课、微课，极大地丰富了当代教学的方式。

3.构建会计的情景模拟实验教学模型

互联网的发展为教学创造了无数的可能性，当前传统会计教学如“填鸭式”教学正逐渐被“互联网+”与会计教学相结合的方式所取代。高校可以通过互联网技术建立一个模拟平台，这一平台是具有开放性的仿真企业模拟实训室，通过模拟整个企业环境，并且将会计环境纳入其中，体现企业从建立到运营的过程，使会计专业教师和学生不再只依靠书本学习，仿真企业模拟实训室能够做到与企业真正接轨，实现在实践中教学。

4.高校会计教学改革下教师素质能力要求

（1）教师应具备优秀的教学素养。会计教学的改革，是对会计专业教师拥有的综合素质与能力的一种挑战。教学课程的设计如何满足学生全面发展的要求，如何对学生的思维进行正确的引导，如何直面自身的不同状态，顺利完成课程教学目标及内容，这需要会计专业教师具备一定的教学能力，也就是扎实的理论功底、知识更新等方面的能力。教师应当随着现代教育理念的发展，不断优化自身的素质结构，扩展自身全方位、多层次的教学能力。作为会计专业教师，要拥有广泛且丰富的专业知识，要熟练掌握教学的基本思想和方法，还要具有理解事物发生和发展的优秀的认知能力。在引导学生掌握相关知识时，教师要注意采用科学的方法，引导学生形成主动思考的能力，善于发现问题、解决问题。由于现代社会和科学技术的发展，会计学科与其他诸多学科之间是相互联系的，如经济学等学科，因此会计教师不仅要增加自身的会计专业知识储备，还要涉猎其他学科的知识，以增强自身素质能力。

（2）教师应具备良好的人格魅力。作为教学改革的重要一环，会计教师在学生学习过程中始终扮演着多种角色。会计教师是知识的传授者，是集体教学活动的组织者，是处理人际关系的艺术家，是心理治疗方面的专家，更是学生的朋友。会计教师的人格魅力直接影响着教学是否科学，是否具有艺术性。会计教师应不断维持自身健康的状态，不断丰富自身学识，培养高尚的美德，在言语和行动方面为学生树立榜样，真正做到言传身教。

（3）教师应具备丰富实践知识的教学能力。为丰富会计教学体系，学校应建立健全一支优秀的教师队伍，并且教师要具有优秀的理论教学和实践能力素养。会计教师的教学方法要注意体现科学性，将“教什么、如何教”贯穿于教学设计的始终。教师在进行教学活动设计时，要注意从宏观角度出发，注重整体的科学性，不仅要激发学生的学习积极性，还要保证学生参与教学的完整统一。教师应掌握现代教育理论的新兴发展学科，如教育心理学等，还有其他相关专业的科学技术以及跨学科知识。教师应具有教学活动的设计与组织能力，熟练掌握各种教学方法与手段，并结合现代信息技术，展开教学活动与专题研究。

（4）教师应具备较强的学习能力和科研能力。在知识经济社会中，教师为适应信息时代的发展，应将更新知识体系作为一种责任，优化自身知识结构是对教师的新要求。教师要具备现代教育观念，掌握教学方法以及对新知识的认识能力。作为会计专业教师，一方面要不断丰富学科领域的前瞻性知识；另一方面要善于理论筛选与结合实际，关注效率与公平之间的相互作用，使科研与教学具有丰富的科学内涵以及精深的专业知识，因此，合格的会计教师不仅要具有较强的学习能力，还要具有优秀的科研创新能力。

第二章 大数据背景下的会计人才培养策略

第一节 基于大数据的人才培养模式

一、基于大数据的人才培养理念

（一）大数据应用型人才培养理念

“人才培养”这一概念最早出现在20世纪80年代，属于我国高等教育改革中的内容。针对这一概念，不同研究人员对其的解释也不相同。大数据专业人才需要具备多种综合能力，并能将其应用在实际岗位中。所以在大数据人才培养的过程中，要将“应用型”这一概念应用其中，进而实现对大数据应用型人才的高效培养。

应用型人才在实际培养的过程中，主要具有以下三个特点：

1.知识性和时效性

应用型人才需要具备多种类型的知识，主要包括人文社会科学知识、自然科学知识，这些知识均具有迁移性，能够帮助学生加深对知识的理解。在专业知识方面，专业知识是知识结构中的核心组成部分，也是应用型人才需要重点学习的内容。另外，应用型人才还需要具备财务、管理及社交等方面的知识，所以在知识结构中，应用型人才具有知识复合性的特点。应用型人才还要具备时代特色，对专业学术理论知识研究人员来说，应用型人才的最终归宿是为社会市场服务。但是社会市场是随着时代、科技以及经济水平而不断变化的，所以应用型人才的知识也需要不断更新，根据时代的发展不断变化，进而实现自我价值。

2.能力多样性和应用性

在能力结构上，对于应用型人才而言，除了要具备运用专业知识和技能解决实际问题的专业应用能力外，还应该具有合作能力、表达与沟通能力、自主学习能力、创新能力和终身学习能力等多种非专业性能力。因为这些非专业性能力能够帮助应用型人才更好地将知识运用到实际的日常工作和实践活动中，同时能保证活动的顺利进行。因此，应用型人才在能力结构上具有多样性的特点。在能力性质上，应用型人才所具备的能力凸显了强烈的应用特色。应用型人才主要是为经济与社会发展需要服务的，因此理论与知识结合并能在实践活动中灵活运用的能力是十分重要的。研究型人才主要面向的是科学研究工作，需要较高的科学分析能力和创造能力；技能型人才在实际的生产操作过程中要求操作规范、技术纯熟。与研究型人才的科学研究能力和技能型人才的动手操作能力要求相比，直接面向社会工作岗位的应用型人才更注重较快的岗位适应能力、开展实践活动和解决工作中实际问题的能力，具有明显的应用性特点。

3.素质综合性和职业性

从素质方面讲，应用型人才具有的素质呈现综合性的特点。对于应用型人才来说，首先，应用型人才和其他类型的人才一样，都具备思想道德素质、科学文化素质、专业素质、身体和心理素质等多种现代人才必备的基本素质。其中，思想道德素质是灵魂，在人的整体素质中起着主导作用；科学文化素质是基础，是人才素质结构中的基础内容；专业素质是关键，是人才素质结构中的个性化内容；身体和心理素质是根本，是人才正常工作和学习的保证。这些综合性的基本素质为应用型人才积极获取知识、开展实践活动提供了坚实的保障。其次，除了这些基本素质，培养应用型人才还特别强调职业素质。面向实际工作岗位的应用型人才只有具备强烈的职业责任心、踏实的工作作风和高度的团队合作意识等职业素质，才能更好地满足岗位需要，服务社会经济建设。

（二）根据地方经济及产业需求开展人才培养

在对大数据人才进行培养的过程中，需要将地方经济发展情况和产业需求情况相结合，通过对大数据人才的培养，促进地方经济和产业的良性发展，对人才培养起到有效的支撑作用。高校在进行大数据人才培养的过程中，应认真分析所在区域中的经济发展要求和产业发展需求，充分发挥自身优势，采用深化校企合作的方式，开展产教融合、协同育人等工作。通过这种方式培养具备专业知识背景和大数据技术的人才，提高大数据人才的实践能力，使其能够利用所学知识，利用大数据解决实际问题，并对其进行有效处理，实现大数据复合型人才的有效培养。

（三）集中多方力量共建大数据人才培养计划

地方院校由于受多方不利因素制约，在建设大数据专业时要积极谋求地方政府的支持，积极参与和申报国家与地方的新工科建设项目；加强校企合作，在培养模式、课程体系、师资队伍、实践教学等诸多方面与企业开展深层次合作；有条件的院校可建立校企联合培养机制；学校和企业可共同制定大数据专业课程体系，共同开发课程等，保证大数据专业课程能满足企业的需求。在建设师资队伍的过程中，高校应选择优秀教师深入大数据企业内部进行学习，并选择企业工程师作为兼职教师，不断优化和完善教师队伍的内部结构，提高教师队伍的建设质量，进而为学生提供高质量的培训服务；要建立多种形式的大数据实训基地，满足学生对大数据实践学习的需求。另外，在校园内部开展学科融合、资源共享等工作，采用师资融合等方式，保证大数据人才培养的有效性和专业性。

（四）加强新工科理论与实践结合

在大数据专业人才培养的过程中，教育工作者可以从工程教育的角度出发，对其中存在的问题和难点内容进行分析讨论，探究大数据专业人才的培养模式，逐渐深化大数据中的校企合作和产教融合机制，共同建设大数据专业的协同育人机制，通过这种方式不断提高大数据人才的培养质量。其具体措施是：完善大数据人才培养体系，鼓励大数据教师申报教学改革项目，发表高质量的大数据教学改革论文；引导教师根据实际情况对教学模式进行优化，进而达到支持学生参与大数据时代的创新创业的目的。

二、基于大数据的人才培养目的与标准

（一）大数据人才培养目的

在对大数据人才进行培养的过程中，教育者需要先明确人才培养的目的，然后再进行接下来的人才培养工作。教育工作者在实际教学中，要将培养目标落实到各项教学活动中，如果在实际教学中遇到问题，则可以适当调整大数据人才培养目的，实现大数据人才的高效培养。

大数据是一门涉及数学、统计科学、计算机科学，以及应用领域的复合型交叉学科，培养的人才是兼具应用领域知识背景和大数据专业知识的复合型人才，因此不同的高校进行大数据专业培养的目标并不一致，但是基本目标应该包括以下几个方面：

第一，大数据专业本身处理的是来自各行各业的数据，为决策者提供参考的相关行业服务。因此，大数据专业毕业生首先必须具备计算机科学、数学等学科的基本技能，同时必须具备应用领域的知识背景，即能在应用领域知识的指导下运用大数据技术进行应用领域的数据处理和分析，因此要求从业人员必须具有较强的多学科交叉融合能力，包括通识教育、表达能力、计算机技能、数学基础及行业知识素养等。

第二，具有计算机思维与数据思维。大数据专业从业人员需要运用数学思维，在计算机技术的支撑下完成大数据处理与分析，因此需要具备计算思维和数据思维，包括问题分析、建模、求解、数据分析等能力，以及具备较强的对复杂问题的分析能力和解决能力。

第三，具有工程实践能力。大数据专业与实际产业紧密联系，无论是大数据系统的开发、维护工作还是大数据的分析应用工作，都需要大数据相关人员具备解决实际问题

的能力，而要想对这一能力进行有效培养，则需要不断通过实际操作训练的方式来完成。由此可以看出，在大数据人才培养中，工程实践能力是其中一项培养目标。

大数据人才培养已经成为当今时代人才培养的主要组成部分之一，要想保证人才培养质量最终能够达到相应标准，需要在正式开展大数据人才培养工作之前，确定大数据人才培养的目的，并在此基础上制订有针对性的人才培养计划。大数据是在云计算以及物联网之后的又一次技术革新，所以当今社会对大数据人才的需求量也在不断增加。高校作为大数据人才培养的主要机构，则需要跟上大数据时代的技术发展要求及发展水平，认识到大数据人才培养的重要性，根据大数据人才培养目的，科学合理地开展人才培养计划。

1.基于培养单位的大数据人才培养目的

大数据人才培养目的与人才培养单位之间有着紧密的联系，对大数据人才的培养不仅能够在大数据专业以及计算机专业中体现出来，还可以在经济专业、统计专业、金融专业等专业中体现出来，以此实现人才在各个领域的全面开发和培养。以上专业之所以能够实现对大数据人才的有效培养，是因为只有在以上专业中培养大数据人才，才能够将其专业属性充分发挥出来，因此，大数据人才培养目的与培养单位之间属于相互促进的关系。

由于目前与大数据相关的岗位数量较多，如数据采集、数据整理及数据存储等工作，所以不同类型的数据岗位，在知识结构上也存在一定的差异。要想达到最终的大数据人才培养目的，需要根据学生的具体学习情况制订有针对性的培养方案。目前在我国的大数据领域中，数据平台开发、数据应用开发、数据分析和数据运行维护等四项工作对技术水平的要求不同，因此从事这些工作的人才层次也不同。大数据人才培养目的还需要根据行业领域的实际需求来确定，目前为了满足大数据人才需求，部分企业也会开展大数据人才培养工作。

2.基于教育阶段的大数据人才培养目的

大数据人才培养在不同的教育阶段，需要达到的目的也不同。例如，在专科教育阶段，大数据人才培养的目的是培养技能型人才；在本科教育阶段，大数据人才培养的目的是培养具备一定研发能力的应用型人才；在研究生教育阶段，大数据人才培养的目的是培养创新型人才。通常情况下，研究生往往从事数据平台的开发工作，本科生从事大数据的应用和开发工作，专科生从事大数据的运行和维护工作。而对于大数据专业的学生来说，在大数据人才培养工作中，除了要求他们能做到德智体美劳全面发展，还要求其具备良好的政治素养与道德素养，掌握统计学中的理论知识体系，同时具备应用及分析能力，要求他们在今后的工作中能够从事与大数据相关的工作，其中包含大数据教学工作、开发工作及应用工作等，为大数据行业培养复合型的技术人才。

另外，大数据专业的学生需要全面掌握大数据应用中数学、统计学及计算机科学中的理论知识和相应方法，熟练使用大数据技术分析手段，在数据建模和数据管理的过程中，能够灵活使用大数据基本理论及方法，实现全面系统的大数据分析工作。大数据人才还需要具备一定的数据预处理能力，可以实现对大数据系统的良好架构，针对简单的大数据应用，可以进行大数据应用开发。大数据专业的学生需要在系统专业的数据训练中，不断拓宽自身的数据应用视野，同时能够有效挖掘和分析大数据系统，具备大数据开发、挖掘及应用等各个领域的工作能力。

3.基于职业岗位的大数据人才培养目的

大数据产业规模逐渐扩大，已经成为未来产业的主要发展趋势之一。大数据专业的学生如何对大数据人才培养目标进行有效定位，已成为相关人员关注的重点问题。在此过程中，可以从职业岗位的角度出发，分析大数据人才培养目的，进而保证整个大数据人才培养工作的质量。

第一，大数据职业岗位分析。目前，大数据职业岗位主要包含以下六种类型，由于岗位的不同，对岗位人才的能力要求也不同，所以大数据人才培养的目的也存在一定的差距。

第一种，大数据运行维护工程师。该职位的主要工作就是利用系统监控及集群配置的方式，保证大数据平台能够长期稳定运行，进而帮助企业完成相应的工作。从事这一工作的人才，在对其进行培养的过程中，需要重点对大数据平台的部署能力、监控管理能力以及测试能力进行培养，以保证大数据人才具备相应的安全管理控制能力。

第二种，ETL（数据仓库技术）工程师。从事这一工作的人员主要利用数据抽取、整理、传输及加载校验等方式，对数据进行预处理，同时利用大数据处理工具，对数据资源进行清洗工作，以保证最终大数据分析结果的准确性，提高数据资源分析工作的质量。

第三种，大数据应用开发工程师。这一职位上的人才主要从事软件开发工作，利用对大数据进行处理分析的方式，将其与软件开发流程相结合，并根据业务流程的实际需求，完成大数据应用开发中的软件设计工作，实现工作目标。在培养从事该项工作的大数据人才过程中，需要将重点放在文档编写、系统测试上，进而保证大数据人才能够满足相应的工作需求。

第四种，大数据可视化工程师。该岗位上的人才主要从事大数据可视化设计工作，他们使用数据可视化报表技术、智能报表技术及网络开发框架等，实现应用的可视化设计和开发展示工作，通过这种方式能够直接将大数据的价值充分发挥出来。

第五种，大数据售后工程师。在这一岗位上的人才的主要工作是完成售后服务及技术支持等工作，充分熟悉大数据平台的建立和维护工作，针对大数据进行故障检查，同时根据故障制订相应的解决方案，进而保证大数据平台运行的稳定。

第六种，大数据实施工程师。该职位上的人才的工作内容为对大数据平台进行部署，利用服务器、交换机、虚拟化以及云计算等设备与知识，快速高效地完成大数据平台管理工作，完成对大数据平台环境的搭建工作。该职位上的大数据人才需要掌握平台的搭建技术、测试技术及安全管理控制技术。

第二，大数据职位工作任务分析。通过对以上大数据职业岗位进行分析，能够将大数据工作任务划分为以下九种类型：

第一种，大数据平台部署工作任务。相关人员完成配置及管理网络设备，完成网络搭建工作，配置相应的管理服务器和存储、维护设备；通过操作系统的安装和配置，完成对大数据平台进行搭建、部署及测试的工作。

第二种，大数据平台运行维护。对于大数据平台的日常维护工作，相关人员需要使用相应的工具，对大数据平台的软件及硬件的运行状态进行监控。大数据平台如果在实际运行中出现故障，工作人员要能完成应急处理，保证整个平台能够正常、稳定、安全地运行。

第三种，大数据售后技术支持。工作人员要根据项目在售前的技术方案及客户的需求，完成项目实施方案及测试方案，灵活使用大数据组件及模块等工具，根据组件安装手册，对大数据系统进行部署，同时解决部署和安装过程中可能存在的问题。针对大数据项目，工作人员要从整体的角度出发，对其进行规划、执行及风险管理和项目验收等工作，并能熟练使用大数据项目中的工具，同时掌握网络规划能力和设计能力等。

第四种，大数据系统测试。工作人员要对文档编写进行测试，其中包括用例测试、报告测试等。工作人员要利用自动化的测试工具，对大数据系统的相关工作进行测试。

第五种，大数据安全管理控制工作。工作人员针对大数据进行细致化的授权管理和配置工作，熟练使用管理系统，对大数据的用户进行认证管理，同时对大数据系统进行审计管理。针对大数据平台中的敏感数据及重要数据、元数据等进行加密，根据大数据系统的实际情况，制订有针对性的数据安全管理策略。

第六种，大数据预处理。工作人员使用相应的工具，从数据采集工作阶段开始，实施数据采集及抽取工作，收集整理需要的数据，并利用工具对数据进行转化校验等工作。在此基础上完成数据的加载任务，对分布式 ETL 过程进行优化。

第七种，可视化设计开发工作。利用网络开发框架，对大数据进行可视化开发，同时根据行业以及企业的实际情况，进行可视化设计工作。例如，工作人员使用 BI 工具，对商业智能报表进行设计、开发与展示工作。

第八种，大数据应用开发。建立良好的大数据程序开发环境，根据用户的实际需求，充分利用开发语言实现大数据的分析工作以及预处理工作，进而完成大数据应用程序的进一步开发。工作人员通过以上方式对大数据平台的功能进行测试，集成展示出最终的开发成果。

第九种，大数据文档编写。工作人员根据正确的格式及相应要求，完成文档的编写工作，同时针对文档进行正确的编辑和排版。

第三，定位培养目的。通过对大数据工作任务职能分析的方式，确定大数据专业人才的培养目标，大数据专业人才培养需要适应生产、建设、服务及管理等大数据工作需求，使大数据专业人才能完成市场中的大数据分析工作、仓储管理工作及数据可视化管理工作等，为大数据市场提供具有综合能力的应用型人才。使人才具备实践专业能力的同时，形成良好的职业道德素养及创新精神，进而适应我国大数据应用的进一步发展。在大数据职业岗位的基础上，大数据人才培养的目的主要包含以下内容：

①大数据人才需要具备良好的敬业精神及职业道德观念，同时具有创新精神、职业素养、团队合作精神以及职业行为能力等。

②善于观察和勤于思考，能够不断学习新的专业知识，不断充实自己。

③具备良好的文献查阅能力及工具检索能力等，可以完成大数据文档编写工作。

④具备大数据平台部署能力，可以利用服务器及网络等工具，完成大数据平台中的环境搭建工作及部署工作，所以在大数据人才培养的过程中，需要将大数据平台搭建及部署能力作为目标。

大数据人才可以通过监控系统及集群配置等技术手段，保证大数据平台稳定运行，进而确保大数据企业的一系列工作能够良好开展。针对数据，大数据人才能够实现良好的数据抽取整理、传输校验等工作，能实现对数据全面有效的处理，并且具备良好的数据应用开发能力，根据业务的实际需求，完成大数据的实际应用和开发设计工作。

第四，大数据应用型人才培养目标。培养出应用型大数据人才，是大数据人才培养的主要目标。应用型大数据人才，指的是具备一定的大数据职业能力的人才。在实际培养该类人才的过程中，可以从人才培养院校的发展战略出发，根据大数据企业的实际发展前景，将大数据人才作为核心对象，采取理论知识与实际相互结合的方式，从学生的就业能力出发，制定有针对性的培养目标。根据以上要求进行总结能够看出，大数据应用型人才的培养目标要求大数据人才具备良好的人文素养、职业素养及科学素养，需要掌握计算机学科及大数据专业的基本技能和使用方法；同时掌握大数据分析能力和建模、挖掘处理能力，可以在科研院校及企业中从事与大数据相关的技术工作，其中包含数据分析工作、数据处理工作以及系统研发工作等，从而完成大数据高层次复合型人才的有效培养。

通过以上分析能够看出，在确定大数据人才培养目的的过程中，要遵循德智体美劳全面发展的理论依据，将大数据专业知识及大数据人才未来可能从事的工作作为重点，让大数据人才掌握大数据工作岗位中必备的专业知识，同时具备良好的职业素养及创新创业精神，为当地的经济发展提供服务，并着重发展创新型人才及发展型人才，保证大数据人才的整体素质。目前，大数据人才培养目标可以大致分为三个维度，分别为知识培养目标、能力培养目标和素质培养目标。在确定大数据人才培养目标之后，培养机构需要根据人才需求市场的实际发展情况，与相关企业进行合作，加强沟通，并对大数据人才培养目标进行定期修改和完善，充分了解企业在大数据人才、项目方面的需求，在此基础上逐渐完善人才培养目标。

4.大数据人才培养的未来发展目标

根据当今大数据行业的实际情况，针对未来大数据的发展趋势，大数据人才培养目标也要发生一定变化。针对这一情况，本书将重点对大数据人才培养在未来五年的发展趋势进行分析。

第一，规范大数据人才培养体系。通过这种方式能够培养大数据人才的实际分析能力，对大数据分析中的基本培训内容及认证项目进行规范，为大数据人才提供丰富的锻炼和学习机会。采用工具化及便捷化的方式，让大数据人才培养人员可以使用更多的工具；利用通识教育的方式，提高人才的数据分析能力，具体包括数据获取能力、基础数据呈现能力、数据特征描述能力及基本数据的统计分析能力等。同时对大数据人才培养体系进行规范，建立科学规范的课程体系及服务体系，利用专业的人才培养院校及授权机构，在当地培养大数据行业的人才。

第二，建立大数据人才智能数据库。建立知识数据库，利用大数据，优化完善大数据学习体系，完善理论知识，实现理论知识与行业知识数据之间的进一步联系，进而在数据跨越联系中实现水平提升。进一步规范复合型大数据人才培养体系，保证培养出来的大数据人才可以在企业中实现全面发展，既能够从纵向的角度，积极参与到工作中，促进工作的进一步发展；又能够从横向的角度，实现知识的对比分析，掌握多个学科以及多个领域的专业知识。通过以上方式培养大数据人才的综合能力，进而将大数据人才逐渐转化为我国产业升级中的中流砥柱。

科学选拔大数据人才培养机构，主要选择具有培训资质的教育机构，将我国的旅游、医疗、交通及零售行业等作为大数据人才培养的主要导向，并将其应用到计算机科学、统计学、机器学习及数据挖掘等领域中，进而实现大数据人才培养的广泛教学。同时建立大数据人才能力评价体系，明确大数据人才的判定标准，为今后培养高质量的大数据人才提供条件，同时充分吸引海外的高素质大数据人才。

第三，深化建设大数据人才培养平台，在各个领域中建立专家群体，建立跨学科的大数据科学研究团队，同时建立实验室及案例、模型等相关知识共享平台，实现专业大数据知识的高效共享。针对大数据主要行业，建立案例库，将各行业案例作为主要内容，实现培训实验室的有效覆盖。通过培训掌握能够提高企业竞争力的数据及人才培养体系，得到数据的应用团队，需要具备对应的技术及团队管理运行能力。

第四，促进微课程的发展，提升个性化数据分析水平。通过微课分析的方式，满足公众个性化的学习需求。微课与网络教学、视频教学之间存在一定差异，微课教学具备更高的互动性、信息传播性及协作性，培训人员通过使用大数据微课的方式，为大数据人才培养拓展渠道，对大数据人才培养模式进行进一步的探索和创新。利用数据进行思维分析及技术应用，并将其作为重点内容，专业性课程与普适性课程需要相互补充，加快新技术及新领域的开发，实现数据与应用之间的快速融合，进而实现整个教育课程体系的有效完善。与相关部门和具有实力的企业进行合作，对大数据行业的教育资源进行优化，提升大数据人才培养机构的技术应用手段，在此基础上建立具备行业引导作用的培训机构。在大范围内开展专业的大数据人才职业培训及大数据继续教育，为大数据行业的发展提供充足的后备人才。

（二）大数据人才培养标准

1.基于时代环境的大数据人才培养标准

大数据人才指的是具有大数据处理能力的人员。目前根据对大数据人才的实际需求，国际上已经针对大数据建立了相应的教学课程，从国际上的大数据人才培养课程设置能够看出，大数据人才需要灵活掌握数据分析技能，其中涉及数学、统计学、数据分析及商业分析等领域，因此大数据人才需要具备综合实践能力、创新能力及非常宽的知识范围等。通常情况下，只有大数据人才具备了相应的大数据分析技能，才能够促进整个大数据行业的良好发展，同时大数据人才应在此过程中对各种计算机手段和知识进行收集整理和综合利用，为企业以及其他机构的决策提供专业的数据支撑，保证数据的充足性。另外，大数据人才需要对各种数据进行预处理，根据数据的实施需求，实现数据的转换、加载等，并对数据模型及数据分析方法进行有效分析，最终形成数据分析报告，帮助相关人员解决实际问题。大数据人才在思想方面需要满足一定的要求，即大数据人才培养要具备较高的合作意识及合作精神。在大数据时代下，整个数据分析工作较为复杂，不能仅仅凭借一个人的力量完成数据分析，因此需要一个分工明确的团队，团队成员各自完成自己的工作，并能相互配合，共同完成数据分析工作。具有良好的合作精神，能够让大数据人才在遇到问题的情况下相互鼓励、相互帮助，共同解决问题，渡过难关。采用分工合作的方式才能实现已经制定的工作目标，所以合作能力与责任心，是大数据人才必备的条件。

2.基于需求的大数据人才培养标准

在当今环境下，数据分析师已经在各个行业中得到了普及，其在互联网行业中占比最大。经过调查分析发现，有 70%左右的数据分析师从事互联网行业，目前互联网以及金融行业对大数据人才的需求量较大。互联网行业对运营的重视程度较高，产品的开发过程也与大数据分析紧密联系，加上互联网在收集数据方面具有一定的优势，招聘专业人才的难度较低，为了满足自身对数据分析的要求，互联网行业利用专业的大数据人才，不断提高自身的业务水平。猎聘数据分析部门表示，对于金融行业来说，金融行业对数据的重视程度较高已经成为该行业的传统，因为金融行业的多数任务需要建立在数据的基础上，所以金融行业对大数据人才的需求量也较大。

在一个大数据团队中，数据分析师为整个团队的核心组成部分，专业的数据分析师要根据业务的实际情况进行数据收集，同时参与到项目业务的决策中，这个行为出现在企业发展的各个阶段。未来市场逐渐向着数据驱动的方向发展，大数据人才的市场也会逐渐扩大，因此数据分析成为大数据人才需要具备的基本技能之一。由此可见，在未来社会中，大数据人才的职位将与财务及行政岗位相同，成为每个企业在实际运行中的基本配置。根据中国商业联合会数据分析专业委员会统计发现，未来大数据人才缺口将逐渐扩大。

大数据团队将逐渐向着集中式管理的方向发展，并且采用嵌入式的工作模式。集中式的团队指的是对企业中的数据资产及人力资源进行统一管理，避免出现数据信息孤岛的现象，进而集中建立大数据战略发展优势。嵌入式的工作模式指的是大数据团队人员与企业业务人员相互沟通合作，建立紧密的合作关系。例如，企业在实际经营中，物流、战略规划及市场营销等部门，需要对相关数据进行分析，大数据分析人员将对具体业务进行深入了解，除了日常的业务分析之外，还要根据相关数据的实际情况，进行具有预测性的建模分析。

从目前的情况能够看出，我国对大数据人才的需求量在逐渐增加，但是我国多数大数据人才培养工作仍然停留在 IT 层面，大数据产品的开发水平多数在底层。早在 2016 年，我国教育部就公布了新增数据科学与大数据技术专业。北京大学和中南大学等成为落实该专业的第一批高校。在这一政策落实之前，我国只有两所学校具备大数据专业；到 2017 年，增加了 35 所具备数据科学与大数据技术相关专业的学校。整体上看，我国大数据人才培养处于初步发展阶段，高校大数据人才培养与社会人才需求之间存在脱节等问题。正因如此，社会大数据人才培养机构对大数据人才的培养起着至关重要的作用。

目前我国大数据人才培养课程分类较多，而分类依据主要是中高等级、工作职责、就业岗位等，这种课程划分方式并不能对大数据人才进行全面有效的培养，多数大数据人才只能掌握某一项大数据分析技能，无法对整个数据分析工作进行全面、有效的掌控，进而导致企业大数据人才管理工作出现一定的偏差，甚至认为大数据业务人员只需要掌握自己负责岗位中的技能就可以，该种思想无法对大数据人才进行有效培养。为了避免这一误区在大数据人才培养过程中继续发展，我国针对大数据人才培养出台了相应的标准，具体内容如下：

将大数据人才定位在应用型人才中，不仅是我国相关领域专家的观点，还是国际上专家组织的统一认知。应用型人才能充分体现大数据的价值，但是目前在大数据行业中，大数据人才较为缺失，通过调查发现，我国在大数据人才培养过程中，存在过于重视技术却忽视业务能力的问题。因此，中国商务广告协会数字营销委员会在《中国大数据人才培养体系标准》中指出，目前大数据人才培养过程中忽视业务驱动力，导致无法解决企业在实际经营中面临的问题，也不能从根本上将数据作为驱动力促进业务发展，所以在大数据人才培养的过程中，需要正视其中存在的问题，通过充分落实标准的方式，培养出专业的大数据人才。这一标准属于基础草案，今后将根据实际情况对该标准开展进一步的深化研究，针对不同领域及不同行业，确定不同的大数据人才培养标准，希望通过这种方式，能够使标准真正反映出各个行业的真实发展方向，指导大数据行业进入新的发展阶段。

3.大数据人才培养认证标准

互联网技术在近些年得到了快速发展，尤其是在2010年之后，出现了大量的新技术，其中包括人工智能技术、区块链技术、云计算技术、大数据技术及物联网技术等，人类正式进入互联网快速发展时代。在以上技术中，大数据技术与我们的实际生活紧密联系。大数据技术具有规模性、多样性、实时性及价值性等特点，因此其在商业、工业以及农业等各个领域中都得到了广泛应用，已经成为未来经济发展的主要能源之一。

2019年9月，在世界计算机大会中，大数据产业生态联盟等相关学者共同制定了《2019中国大数据产业发展白皮书》（以下简称《白皮书》），其中提出了“计算机未来”这一概念，同时揭晓了“中国大数据企业50强”及“中国大数据企业投资价值百强”名单。在《白皮书》中，科研人员对各行业进行了考核，考核并不是将企业规模作为重要指标，而是将重点放在大数据技术能力与大数据行业应用之间的融合程度上，针对企业在大数据中的研发及投入，从大数据产品、解决方案及实际应用等方面展开考核评价。通过《白皮书》能够看到我国大数据产业生态发展中呈现的新格局、新业态及新模式。同时，我国应该将更多的注意力放在数字经济、智慧城市及大数据等新兴热点领域中，从专业人才培养及标准建立等方面入手，对整个大数据行业展开深入分析，挖掘出大数据行业在实际发展中的核心内容，为今后大数据的良好发展提供条件。《白皮书》从基础支撑、数据服务及融合应用等方面，对大数据的整个产业链展开了更深一步的分析研究，同时确定了大数据领域中的龙头企业，其中包括华为、阿里、美团及百度等企业。针对大数据人才缺失这一现象，我国在政策方面给予了大力支持，为大数据人才培养提供了政策条件。《白皮书》中着重强调了大数据人才的相关问题，表明目前我国的大数据人才培养力度在不断加强。

三、基于大数据的人才培养策略

（一）大数据人才培养现状

第一，大数据人才培养机构布局情况。近几年，我国实施了大数据战略，在这一背景下，北京大学、中国人民大学等高校，均在大数据方面展开了深入研究，并开展了各种大数据项目。近几年，我国大数据项目的发展速度非常快，其中北京的大数据相关院校开展的大数据项目数量最多，同时北京也代表着我国大数据发展的最高水平，是我国大数据产业中的重要组成部分。我国西南地区对大数据人才培养的重视程度较高；我国的沿海地区与其他地区相比，对大数据人才培养的关注程度也较高。

第二，大数据人才培养研究方向。目前我国大数据人才培养研究方向主要包含以下几种：

第一种，将统计学科作为核心内容。这一大数据人才培养方向主要对基础性的数据进行分析和挖掘并建立模型。大数据分析硕士培养协同创新平台是我国成熟的大数据人才培养平台，在该平台中，大数据人才培养计划的必修课程主要包含统计学及计算机科学的交叉部分，将大数据人才培养的重点放在实践能力培养上，而选修课程需要各个学校根据自身的实际情况进行设计。

第二种，将计算机学科作为核心内容。这一大数据人才培养方向的主要内容为工学设计、计算原理及数据存储处理等。目前我国复旦大学、中国人民大学、山东大学等高校都开设了相关课程，其中涵盖了大数据的基础知识、集成、存储及建模管理等内容，在课程设置中，将其分为必修专业和选修专业。必修专业的课程包含大数据系统平台、大数据理论知识及大数据分析方法等；选修课包含大数据的分析和统计、高级数据库系统管理及计算机网络安全等。

第三种，将业务需求作为核心内容。这一大数据人才培养方向是为解决企业商业运行中存在的问题。我国中央财经大学商学院于 2015 年推出金融与大数据营销方向的 MBA，特色课程主要包括金融服务营销、大数据驱动客户关系管理及金融市场与机构等；而西南交通大学也已经开设了大数据方向的四门课程；中国人民大学同样开设了相关的课程。

通过以上分析能够看出，目前我国对大数据人才的需求量越来越大，但是国内专业培养大数据人才的学校并不多，尤其是将业务需求作为核心的高校。因此在未来大数据人才培养的过程中，高校需要根据自身的实际情况，充分借鉴国外大数据人才培养的经验，通过这种方式解决我国目前在大数据人才培养中存在的问题。

（二）大数据人才培养措施

1.确定科学的人才培养模式

第一种模式是针对大数据人才培养目的，在设定人才培养模式的过程中，将本科作为标准，将就业作为导向，将能力作为本位，沟通建立一个完善的人才培养模式。正确的大数据人才培养模式是达到最终培养目标的基础条件，尤其是在应用型大数据人才培养的过程中，最终的培养目标是使学生具备相应的大数据职业能力，能够完成大数据中的各项工作。该项人才培养模式的具体落实措施包含以下内容：

第一，将本科人才培养作为标准。高等教育阶段本科教育的目标就是培养优秀的本科人才，本科人才需要具备良好的思想政治素质、身心素质及人文素质等，系统掌握本专业的相关知识，进而形成知识获取能力及实践应用能力。

第二，将就业作为导向。将学生的就业和创业作为目的进行教学，并将其贯穿到整个教学过程中，这种教学方式既能够满足大数据人才的培养需求，又能够满足大数据人才的创业需求。

第三，将能力作为本位。大数据人才培养的目的就是提高学生的综合能力，其中包含大数据岗位的胜任能力、专业能力及团队协作能力等。所以在对大数据复合型人才进行培养的过程中，需要将行业需求作为职业能力培养的标准，通过得到技能证书和参加职业比赛等方式，对学生专业知识的应用能力及工作能力进行有效培养，保证大数据人才在进入工作岗位时，能够在短时间内适应岗位，并且完成相应的工作。

第二种模式是两个协同多元化人才培养模式。大数据属于新兴产业，因此在实际的大数据人才培养过程中，存在师资力量及教学资源不足等问题，加上大数据专业具有较强的应用性，所以国务院在《促进大数据发展行动纲要》中明确指出，在大数据人才培养中需要创新人才培养模式，同时建立多层次及多类型的大数据人才培养机制，积极引导高校通过校企联合的方式培养综合人才，充分利用校外企业以及社会资源，采用多元化的人才培养模式，实现大数据人才培养效果与企业人才需求之间的有效吻合。同时这种方式也是培养学生综合实践能力的主要方式，符合当今时代对大数据人才培养的要求。这种方式包含校内外协同以及课内外协同两种形式。

第一，校内外协同。在校内举办多种形式的人才实验活动，并与企业进行合作，共同在校内举办实验活动。这一过程需要面向大数据行业的实际应用，这种方式既能够培养出符合企业实际发展需求的人才，又能够解决资源缺失这一问题。在企业中建立校外活动实践基地，可以为高年级的学生提供实习机会及毕业设计条件，进而实现实践型人才的有效培养。

第二，课内外协同。在课内引入企业资源，共同建立实践课程，高校在此过程中应用部分实践课程，通过企业中的技术人员完成对应的教学任务。这种方式既可以帮助学生在校园学习阶段接触到真实的大数据项目，又可以对校内的教师进行有效培养。在课堂外部，积极鼓励企业在学校举办兴趣班，利用课堂外的时间指导学生完成项目。还可以采用鼓励学生参与到科研项目中的方式，参加学科竞赛，解决实际问题，进而对学生的动手能力和解决实际问题的能力进行有效培养。

2.优化完善课程体系

第一，建立产教融合的课程体系。大数据具有应用性，因此在大数据人才培养的过程中，需要将目标定位在应用型人才的培养上，高校需要向着这一目标，实现课程体系的优化和转型，而校企合作是实现这一目标的有效方式。建立产教融合的课程体系，可以实现对应用型大数据人才的有效培养，实现学校与企业的资源整合，在此基础上进一步实现产教结合。学校和企业属于该课程体系中的双主体，所以无论是学校还是企业，都需要将自身的主体性充分发挥出来，在该种课程体系中实现共同进步。该课程体系在实际落实中可以从以下三方面进行：

首先，在设置课程的过程中，保证校企双方共同参与其中，对大数据市场需求及人才需求进行深入讨论，实现教学知识与行业发展之间的紧密结合，在此基础上校企双方共同确定大数据专业课程体系内容、教学方法和教学资料等。

其次，在实施课程的过程中，需要充分尊重学生的能力及个性之间存在的差异，并在正确的教学理论基础上，根据学生的实际情况不断探索新的教学方法，进而将产教融合教学方法的优势充分发挥出来。

最后，在设置课程内容的过程中，需要针对大数据实践中的内容进行重点强化，将大数据企业中真实的项目案例应用到教学内容中。教师要起到准确引导的作用，使学生在其引导下，不断提高专业技术水平，进而实现项目人才培养与实际职业岗位之间的有效对接。

第二，“理论+实际”课程体系。在大数据时代的背景之下，大数据人才培养的目标为培养出复合型高素质人才，因此可以采用理论加实际的原则建立课程体系，充分利用企业对大数据人才的实际需求，对大数据人才培养课程体系进行有效调整。同时，大数据人才培养人员需要不断丰富自身的大数据知识，提高自身的专业水平及综合素质，充分利用大数据技术，对大数据行业未来的发展趋势展开有效分析。所以，在设置课程体系的过程中，不能只设置理论性课程及基础性课程，还需要将实践课程加入其中，使大数据人才可以利用所学知识解决实际问题。在建立教学课程体系的过程中，需要注意以下问题：

首先，需要在大数据人才培养目的的基础上，合理设置教学建议，保证教学内容的应用性；灵活调整教学内容，保证学生在掌握基础理论知识的同时，实现理论知识与企业的实际需求的一致性，充分激发出学生在实际学习中的积极性。

其次，提高教学课程体系建立的实践性，对学生的实践能力进行有效培养，采取校内实习及校内实训的方式，提高学生的实践水平。除了采用课程实践的方式之外，校内实习及校内实训，能够对学生的实践能力及知识应用能力进行有效培养，是提升学生综合能力的主要途径。在大数据应用型人才培养目的的基础上，可以将实践课程大致分为五个阶段：

第一阶段为基础阶段。该阶段通过课堂教学的方式，加深学生对大数据相关知识的理解。

第二阶段为专业阶段。在该阶段，可以组织学生开展户外实习，实现知识的实践和应用。

第三阶段为技能阶段。在该阶段，教师开展教育培训及指导实习工作。

第四阶段为专业水平提升阶段。在该阶段，教师指导学生完成毕业设计及毕业论文。

第五阶段为拓展阶段。在该阶段，教师组织学生进行社会实践等活动，通过实践的方式总结经验，实现学生对所学知识的灵活应用，完成大数据应用型人才的有效培养。

在此过程中，高校需要改变传统的教学观念，对整个课程实践体系进行优化完善，建立科学有效的课程实践体系。通过逐渐加深实践教学深度，循序渐进地提高学生的理论知识水平和综合实践能力，并通过实践的方式培养学生的创新意识和创新能力，进而达到培养大数据复合型人才的目的。

3.提高师资队伍建设水平

采用双师双能型教师队伍建设理念，双师指的是兼具教师和工程师资格；双能指的是教师既要具备教学能力，又要在大数据领域具备实践能力。大数据人才要在掌握专业理论知识的同时，具备良好的实践操作能力。根据这一培训要求，建立高素质、结构科学的教师队伍，是保证大数据人才培养质量的关键。在落实这一目标的过程中，可以采用以下几种模式：

（1）教师在职培训。充分利用学校现有的资源，其中包括科研工作室、校企合作基地、大学生创业计划项目等，培养双师双能型教师，从科研水平和实践水平入手，提高教师队伍的综合素质和实践能力。

（2）教师短期培训。将学校中的中青年教师和骨干教师，送到国家级或者省级大数据教师培训基地，进行集中培训工作；充分利用寒假或者暑假的时间，选择有条件的教师参加技能培训工作，对教师展开专业的技能培训。

（3）企业挂职培训。校企合作模式不仅能为学生提供实践机会，还能够为教师提供训练平台。教师在相关企业中进行挂职训练，期限为一个学期或者一个学年，这种方式可以提高教师的实践能力，丰富教师的实践知识。教师只有掌握了将理论与实践相结合的教学方式，才能对学生进行正确引导，进而培养出复合型人才。

（4）国际交流培训。充分利用校园中现有的中外联合项目或出国留学项目，定期选择一定数量的教师到国外校园或者相关企业进行学习。

以上几种方式可以提高教师的实践能力和综合素质，有利于建立双师双能型教师队伍，改变传统的教师队伍结构，为大数据人才培养提供高质量的师资条件。

4.建立动态人才培养质量评价体系

大数据人才培养质量评价体系能够帮助培养人员确定目前人才培养的实际情况，实现专业的有效反馈。根据评价结果，可以发现在大数据人才培养中存在的问题，工作人员在发现问题的第一时间解决问题，优化和完善培养方法，从而保证大数据人才培养质量。而采用动态大数据人才培养质量评价体系，是达到大数据人才培养目标的保障条件之一。在建立动态大数据人才培养质量评价体系的过程中，需要注意以下三方面问题：

一是保证评价指标的目的性。这一评价指标体系建立的主要目的就是提高大数据人才培养质量，对整个大数据人才培养过程进行正确引导。所以，在建立质量评价体系的过程中，要根据学生的实际能力和大数据就业情况来进行，以全面反映出大数据人才培养情况，促进大数据人才培养工作的进一步实施。

二是建立多元化的评价主体。在此过程中，评价主体不仅包括学生和教师，还包括大数据相关行业的专家以及社会教育行政部门等，将评价对象作为核心，多个主体共同参与其中，才能达到保证大数据人才培养质量的目的。

三是建立动态化的评价体系。如果将就业作为大数据人才培养导向，随着就业市场发生的变化，则需要调整大数据人才培养质量评价体系，要根据评价目的和大数据行业发展情况，做出适当改变。这种方式能够保证大数据人才培养质量评价体系的有效性和灵活性，进而建立一个动态的大数据人才培养质量评价体系。目前，我国大数据市场处于快速发展阶段，市场需求量较大，加上政府对大数据人才培养的重点关注，大数据技术正逐渐向创新的方向发展。而在大数据人才培养的过程中，需要根据人才培养的目的，确定对应的人才培养路径，为大数据行业培养出高质量、复合型人才，做好大数据人才的储备工作。

5.培养学生的创新创业能力

良好的创新创业能力，能够帮助学生解决较为复杂的问题。利用校内外的训练基地对学生的创新创业能力进行培养，能有效提高学生的创新创业能力。具体的培养方法有以下几种：

（1）现代学徒模式。该模式是在实际应用的过程中，将 6～8 名学生分为一个小组，同时给每个小组配备一名专业的教师，采用现代学徒的培养方式对学生进行培养。从学生入学直到学生毕业，对学生展开全面有效的指导，建立完整的现代学徒模式。专业导师利用自己参与的科研项目、学科竞赛项目、大学创新创业训练计划等对学生进行训练。

（2）学科竞赛模式。学科竞赛属于课堂教学之外的考试形式，学生在此过程中需要掌握大量的课外知识，还要具备良好的思维能力和综合知识应用能力，这一培养方式能够充分提高学生的抗压能力，进而达到提高其智力、毅力的目的。由此可以看出，以赛代练的方式，可以对学生的创新创业能力进行有效培养。在此过程中，教师可以根据自己擅长的项目，组建有针对性的竞赛队伍；学校还可以建立大数据专业社团，让高年级学生指导低年级学生，这一指导模式可以营造良好的学习氛围。

（3）创新创业训练。在实际实施过程中，可以将该项训练安排到第二课堂中，并且邀请校外企业中的专业人员对学生进行创业辅导。同时，学校要鼓励学生积极参与大学生创新创业训练活动，并在考核方面给予其一定鼓励，针对在该项目中取得名次的学生，实施学分转化制度，充分激发学生参加实践活动的积极性。

（三）现有的大数据人才培养模式

1.订单式人才培养模式

订单式人才培养模式指的是高校与用人单位合作，根据用人单位的实际用人需求以及学校的实际情况，达成共识，共同制订人才培养方案，从教学、教师、大数据技术以及设备等方面进行合作，签订学生就业订单。学生则在订单企业采用工学结合和顶岗实习的方式进行训练，毕业之后可以直接进入签订就业订单的用人单位工作。通常情况下，订单式人才培养模式中的时间，根据长短可以大致分为长期、中期和短期，这种人才培养模式既能够为学生提供一个良好的开放性平台，又可以为教师提供真实的实践训练场所，为顶岗实习奠定了基础，能够提高高校毕业生的实际就业率。但是这种模式仍然存在一定的问题：

（1）学校想与用人单位达到完全统一存在较大的难度，因为用人单位关心的是学生能否为企业带来利益，而学校关心的是教学是否能提高学生的能力，二者在人才培养的过程中存在一定的认知差异；

（2）受学生主观意识的影响，整个订单式人才培养模式的不确定性有所提升，一旦出现学生在毕业之后没有按照约定就业的情况，用人单位就会受到严重的损失。

2.校企合作人才培养模式

校企合作人才培养模式，顾名思义，就是高校和企业达成一定的共识，根据社会与市场发展需求，共同制订人才培养方案，设置课程体系，确定教学内容，通过工学交替的方式分别在学校和企业开展教学，将实际工作融入教学过程的一种人才培养模式。这种人才培养模式具有以下优点：

首先，通过校企合作，能够实现校园内外的资源共享，在增加教育教学资源的同时实现资源效益的最大化；

其次，通过校企合作，能够为应用型人才培养建设一支高水平的实践教学师资队伍；

最后，通过校企合作，能够提高学校和企业双方的知名度，同时帮助学生就业。

但是，这种人才培养模式在实际操作中也呈现出了不少问题。目前，有三个最严重的问题：

一是高校与企业的合作力度不够，合作的积极性不高，合作领域不够深入，还没有形成一套完整的校企合作机制；

二是企业在校企合作培养人才过程中的付出与回报难以达到平衡，严重影响了企业开展合作的积极性；

三是校企合作的过程缺少相关的法律法规引导和激励政策支持。

3.“产学研”合作人才培养模式

“产学研”合作人才培养模式是指高校、企业和研究机构按照一定的合作原则，利用高校、行业、企业、研究机构和政府多样化的教育资源和环境，将学习、生产和科研结合在一起，以培养行业需要的应用型人才为主要目的一种人才培养模式。这也是当前国内外高素质应用型人才培养应用范围最广的一种人才培养模式。这种人才培养模式的优点是：

首先，融合了通识教育和职业教育的特征，增加了人才培养类型的柔性；

其次，打破了传统人才培养模式在“象牙塔”里培养人才的壁垒，引入了丰富的外部教育资源；

最后，将教育与就业相融合，在一定程度上促进了高校学生就业率的提高。

但是，这种人才培养模式在实践中也表现出来不少问题：

第一，与订单式人才培养模式和校企合作人才培养模式存在的问题相似，学校、企业和研究机构三者之间在应用型人才培养过程中的责任关系和利益关系的处理是一个非常难以解决的问题；

第二，合作过程缺少保障机制和相关政策法规的支持。

第二节 大数据技术融入人才培养的路径

一、大数据时代会计人才能力框架

（一）信息技术对会计人才的变革要求

1.由传统的会计专门人才转为多专多能

毋庸置疑，大数据已然是当下的热点话题，随着信息化技术及人工智能在会计核算及管理决策支持中应用的逐步深入，互联网及财务共享越来越多地渗透到会计人员的日常工作之中。公司在制定决策时，除了传统的财务数据，运用到了越来越多的非财务信息。在这种环境下，财会人员的职能逐渐发生了改变。2021 年 11 月 29 日，财政部制定了《会计改革与发展“十四五”规划纲要》，指出“十四五”时期，会计改革与发展的总体目标是：主动适应我国经济社会发展客观需要，会计审计标准体系建设得到持续加强，会计审计业发展取得显著成效，会计人员素质得到全面提升，会计法治化、数字化进程取得实质性成果，会计基础性服务功能得到充分发挥，以实现更高质量、更加公平、更可持续的发展，更好服务我国经济社会发展大局和财政管理工作全局。

因此，在这样的背景之下，高等学校的会计人才培养模式也应当转型，符合市场需求，顺应大数据时代对会计人员提出的挑战，更好地培养新时代具有良好创新精神的会计专业人才。

由于越来越多的会计基础核算工作被信息技术所取代，总体而言，传统的会计人员职责将不再局限于单纯的会计核算，从传统的信息加工和汇报，向多专业、全能力的方向发展。

2.从会计信息的简单分析到集权化管理

网络技术发展使商业交易模式、商业体系等都发生了巨大的改变。同样，会计行业也受到了信息技术的影响，会计职能得到充分拓展，相较于之前的事后会计核算方法，信息技术促进了业财融合，使业务活动和会计核算能同时进行，业务步骤、会计核算和内部控制三者相结合，更真实有效地反映经济活动，为企事业的内部管理活动提供服务。

在大数据时代，由于其本身海量数据的特征，企业财务会计工作在提供决策支持时就有了更为详尽和准确的数据来源。财务会计工作过程中获取的信息越多，所提供的决策依据就会更全面、更客观。因此，不同于过去传统的做法，在海量数据面前，要求财务会计工作者和企业决策者，都能从更全面的角度为企业发展考虑，具备更周全的思维和行为模式，为企业未来发展提供了更多的可能性。

3.从传统的事后总结到事中控制

财务会计工作在执行过程中需要有力的控制，而企业控制工作的依据也是相关的数据、信息和资料。离开数据、信息和资料，控制就没有存在的价值。在大数据时代，企业在各项工作的运作过程中，获取并产生了大量的各类数据，有财务的、销售的、人力的等等。这些数据的出现，将会为企业控制工作提供更为全面的方案。利用海量的数据，财务会计工作人员也更容易发现工作执行过程中出现的问题，数据越多，越容易找到最真实的原因，越容易从数据本身的角度去纠正偏差，使得过程执行更贴近预期目标，改善决策执行结果。

传统的财务会计工作的预测模式只是找寻数据、信息和资料之间的相关关系，只要数据、信息和资料彼此相关，就可以做出预测。而随着大数据的出现，海量的数据、信息和资料为财务会计工作提供了更为全面的来源。这就需要会计工作者能利用更为全面的数据、信息和资料会对传统的财务工作中的预测环节提供更多的可能性和支撑依据，从而保证管理决策和财务计划设定的合理性。

（二）大数据时代会计人员能力框架分析

根据前述分析，会计从业人员从事工作的需求将发生根本性改变，因此，有必要将会计从业人员划分为不同层级，执行不同功能的会计工作，分别为初级会计人才、中级会计人才和高级会计人才。每个层级的从业人员将从事不同的工作，具备不同的技能。2016 年，美国管理会计师协会发布了美国管理会计师协会管理会计综合能力体系。

第一类：规划与报告技能。“规划与报告”总的能力要求是：预知以后的情况，量化工作的业绩，进行综合报告。规划与报告领域包括 9 个能力，具体是：①整理财务信息；②记录经济业务；③策略设计；④预估；⑤筹集预算资金、分配预算资金；⑥业务成绩评定；⑦成本核算和分析等；⑧税务筹划、税金核算、纳税申报；⑨管理运筹。上述技能又可以进行更深一步的分级，并针对专业的从业人员设定了相应的规定。

第二类：制定决策技能。制定决策需要具备的总体能力：引导和决议，风险控制，培养道德素养。

第三类：技术技能。技术需要具备的总体能力：强化管理和处理信息的能力，有效地推动公司的运作。

第四类：运营技能。运营需要具备的总体能力：作为多功能的战略合作对象，有效地加快了公司的转型。

第五类：指引技能。高层管理人员必备的总体能力：积极地引导团队，管理团队，提升团队和协调合作能力，较好地完成公司的任务。

此分类标准可以作为我国大数据时代会计人员分级培养模式的分级参考，总体而言，会计从业人员的技术能力、人际能力和决策能力是各级人员都需要具备的要求。

1.初级会计人才具备的能力框架分析

为了对会计从业人员的综合能力进行检验，专业的会计机构研发了一套会计从业人员能力架构。从分析角度来讲，该体系有三个不同的角度：其一，职位资质综合能力框架，也就是级别较高的会计人员的能力体系，具体指的是总会计师综合能力体系、负责财务总监督综合能力体系、会计部责任人综合能力体系等；其二，会计专业素养综合能力框架，具体指的是各个级别的会计师综合能力体系；其三，会计从业人员资质综合能力体系，具体指的是公司单位和行政机关的会计从业人员综合能力体系，以及注册会计师的综合能力体系。本部分将着重讨论会计专业素养能力框架，分析不同层级的会计人员应具备的综合能力、敏锐的洞察力和全面的职业判断能力。

从初级会计人才来看，会计从业者应当具备优秀的技术能力、良好的人力能力和初级的决策能力。从技术能力来看，传统的会计人承担的是“核算者”的角色，但是在大数据时代，核算的功能被计算机技术和互联网基础上的财务共享模式逐步替代之后，核算不再是初级会计人员的主要工作。因此，从事初级会计工作的人员将由核算人向信息人转变，在业财融合的基础上，监督业务的完成以及与预算目标的核对，寻找与预算目标的差距并整理原因，为高层战略管理者提供有价值的信息。比如，以成本采购业务为例，当合同和发票在业务完成环节就已然完成了信息录入和基础核算工作，初级会计人员则需要比对采购过程中的成本费用控制以及和预算目标的差距，运用其良好的沟通能力协调采购环节中的供应商、运输保管、入库以后回款的快速完成，协助中高层管理人员实现成本控制目标和更多的相关财务决策。而在未来的大数据和互联网日益深入的时代，真正的业务核算操作者需要具备的能力体现在：B2B，和供应商与业务完成各环节商家的沟通，因此需要具备良好的沟通能力和协作精神；共享作业，良好的配合和数据操作能力；IT 维护，基础的数据安全和维护能力以及数据基础分析比对能力。具体从事的工作是：整理财务信息，记录经济业务，交易层面策略设计，成本预估，业务成绩评定，成本核算和分析，以及税务筹划、税金核算、纳税申报等。

2.中级会计人才具备的能力框架分析

作为中级会计人才，将是企业运营层面的会计从业者。这部分会计人才作为专业人才，承担企业中层管理者的主要职责，其主要负责基于互联网的人、财、物的管理，进行有效的资源分配，并且完成流程设计、制度设计，以及初级会计人才传递信息的加工整理和决策架构。因此，作为中级会计人才，必须具备：第一，柔性运营思维。当初级会计人才传递出的数据信息和预算存在偏差，可能影响到决策执行效果和企业绩效的时候，予以及时的纠正和指导。第二，制度设计能力。中层会计人员必须具备大数据下的建模及应用能力，建立起 IT、DT 的架构和风险管控体系，以期更好地管理数据和使用数据。第三，管理运筹能力。根据初级会计反映的信息进行有效的预测和预算编制，监督预算的执行和及时纠错，筹集并且分配预算资金，设计人力资源考核及有效的薪酬激励制度。第四，良好的人际交往能力，包括与企业外部相关部门的协调和谈判，内部跨部门的沟通与协作、内部纵向层级上级对下属的领导和激励等等。

3.高级会计人才具备的能力框架分析

高级会计人才将在初、中级会计人才的基础上，成为具备战略眼光的企业家层面的决策人。要求在作业层面和运营层面之上，基于全局观和创新思维，以深刻的洞察力和远见对企业的财务运营和战略结合企业目标和未来发展进行长期规划。因此，高级会计人才必须具备科学的管理思维、跨界复合能力，以及基于用户体验的社会化思维，并且熟悉互联网商业模式设计，在企业长期资本决策、跨国公司投资分析评价、经营战略选择等非程序性事项中合理运用自己的决策能力，为企业创造价值，成为真正的价值创造者。

（三）大数据时代会计从业人员的培养改革

1.课程体系的变革

为适应时代发展，会计专业人才培养体系也要做出相应调整，针对不同层级的会计人员具备的能力要求不同，应该考虑增加几类课程：人文类课程，特别是中国哲学和传统文化课程；科技类课程，如互联网应用技术、大数据分析技术、云计算、人工智能、信息管理与信息安全等；企业运行类课程；而专业拓展类课程应当增加基于会计数据、会计信息综合分析和利用管理的课程。

2.革新课程内容方法

会计本科专业培养模式也应当采用逐层递进的方式去适应大数据时代对会计人才的新需求，从课程设置、教学手段、教学内容都做了大幅调整，以适应未来的信息化和人工智能趋势改革。首要是更新教材，将新技术变革对会计教学内容的变革和影响写进教材，并通过在线开放课、视频公开课、资源共享课、微课等课程资源体系展现，在教学方法、教学手段和工具、内容组合编排等方面也要积极进行创新。

3.构建协同培养平台

突破传统的会计人才培养模式，依托校内教学改革，重视课堂实验教学，强化校外企业及校外实习基地培训，并且通过校企合作，为学生提供更多的实践机会，使其了解行业发展趋势和动态，督促学生自主学习。

大数据和互联网的日益深入发展，推动了会计行业的变革。会计人员要在这样的变革中寻求新的机遇，寻找到自己的定位，更新自己的知识结构，而从事会计人才培养的高校也应当顺势而为，调整自己的培养模式和教学手段，以期为社会输送符合需求的会计人才。

二、构建人才培养的生态体系

（一）人才培养生态体系的构建

1.大数据人才培养的生态体系目标

经济是未来企业竞争的基础，是以科技特别是高科技为主的综合实力的竞争，这种竞争更突出地表现为一个企业的技术创新能力，而技术创新能力在企业发展中的作用应与时俱进。只有不断地提高产品的技术含量，才能增加产品的价值和市场占有率，才能在日益激烈的竞争中立于不败之地。因此，根据当前对大数据人才的需求，以及当前的实际情况，及时调节大数据人才培养生态体系是十分必要的。在教育领域，目标是指教学或教育活动应达到的最终效果。建立能够使任务得以顺利实现的制度性规定并加以落实就是目标机制，并以培养技术创新人才作为目标。

（1）大数据人才培养的总体目标。具体专业的培养方向是培养目标，而具体专业培养什么人的问题是首先要解决的。因此，对专业而言，发展指针和办学方向就是培养目标。从教育方面来说，从古至今，没有无目标的院校，没有无方向的教育，也没有无目标的专业。“大数据人才”能为企业带来一定的经济效益或社会效益，并能将创新成果转化为实用技术或开发为新产品。我国著名学者黄楠森教授在《创新人才的培养与人学》中写道：什么叫创新人才？创新人才的本质是具有自觉的开拓创新意识，具有缜密的创新思维方式和坚强的创新精神。

（2）大数据人才培养的阶段性目标。大数据人才培养的总目标就是把受教育者培养成企业技术创新人才，但要实现总目标必须制定阶段性目标，以便层层递进，层层实现。高等院校的阶段性目标和企业的阶段性目标皆是大数据人才培养总目标的构成。

①高等院校的阶段性目标。高等院校的阶段性目标是由特定社会领域和特定社会层次的需要所决定的，它随着受教育对象所处学校的类型、级别而变化。为了满足各行各业、各个社会层次的人才需求和不同年龄层次受教育者的学习需求，才有了各级各类学校的建立。各级各类学校要完成各自的任务，培养社会需要的各类合格人才，就要制定各自的培养目标。

②企业的阶段性目标。高校学生毕业后到企业工作，在企业继续接受教育培养，由用人单位和企业承担高等院校培养阶段后的继续教育培养。随着知识经济的到来，企业对知识的需求日渐复杂化，企业经营与运作模式已向知识化方向发展。企业需要充分挖掘、开拓创新，才能获得持续竞争的优势。不同的用人单位，需要不同的企业知识，而不同的企业知识对企业业绩的影响也不同。因此，我们既可以将企业看成个人之间通过相互作用而创造不同知识的具体环境，又可将企业视为能够产生为其人力资源服务的团

队。高校毕业生在企业可以通过企业培养模式，学习企业的显性知识和隐性知识。尤其是在大数据的工作中，在与其他同事的共同工作中，通过观察与模仿，在不知不觉中学会各种隐性知识和显性知识，进一步提高知识的深度和宽度，增强知识创造能力。

2.大数据人才培养开发体系

企业在技术创新人才的开发过程中要树立正确的培养观念，促进人力资本的保值与增值，对技术创新人才不断地进行培养。同时需要对员工学习和培养的潜力进行正确评估。最后，企业还需要从创新文化和价值观、人事制度、组织结构、工作设计及薪酬体系等诸多方面为技术创新人才的成才营造外部环境。通过上述方法，形成技术创新人才的开发模式。

（1）企业内部培养开发。企业通过兴办各种类型的培训中心来对大数据人才进行开发，这种途径往往能贴合大数据的实际需要。可以建立具有企业特征的人才开发机制，为企业优质、高效、全方位地培养急需的技术创新人才，逐渐地使企业培养技术创新人才实现规范化和制度化。

多数大型企业在我国都有自己的培训中心，有的还有自己的技术工种学校。根据相关统计，企业培训基地在我国有 2 万多个，仅北京市就有 30 多个，每年能培训约 80 万人次。

（2）企业外部培养开发。企业与学校联合办学是创新人才培养的重要模式。学校教育和企业教育两者各有优缺点，将两者的优点进行互补，联合培养技术创新人才，使企业的技术创新成为学校教育开发的重要内容，企业的人才需求成为学校培养人才的主要方向。对有条件的企业来说，人才交流模式的建立，可以使人才交流与合作得到加强，尝试在国外建立委托培训或研究机构，把有潜力的人才送到国外进修或工作，加快技术创新人才的成长。

3.大数据人才培养激励体系

大数据人才培养水平的高低，受到员工主观能动性的制约，因此激励活动的开展是十分重要的，而激励活动中最重要的是激励体系。创新人才培养激励体系包含物质激励、情感激励、培训激励、晋升激励等几方面。

（1）物质激励。通过金钱或实物满足员工在工资、奖金、福利、住房等安全和生理方面的需求是物质激励的一种手段。在某种程度上，最为直接和简单的激励方式是物质激励，并且在其使用范围内会起到很好的效果，所以为了充分激发员工的积极性和主动性，物质激励是非常重要的。对于物质的奖励，其实也要掌握一定的方式方法。首先奖励一定要能够激发员工的积极性，其次奖励要做到公平、公正、公开，避免因不公平造成的负面影响，最后是奖励的周期要长短适中。过短，则会让员工产生懒散心理；过长，又会使员工产生麻木心态。一般而言，以一个月为期限较为合适。如果要想让物质奖励达到最好的效果，还可以将绩效进行累计，比如一年中获得奖励次数最多的，可以得到更高的奖励。而奖励又能够达到双赢的目的，比如可以给员工外出培训的机会，这样企业人力资源的价值相应地获得了提升，员工能力也获得了提高，还增强了员工的忠诚度。

（2）情感激励。情感激励不仅体现在创造良好的工作环境、关心爱护员工、信任员工、富于挑战性的工作任务或典型事迹激励、晋升提拔等方面，还体现在技术成就得到外部企业同行的认可，得到更感兴趣的工作，工作中获得更大的灵活性和权利等。加强和改进企业对员工的情感激励，强调用欣赏的眼光看待员工，提高员工素质，促进员工的全面发展，培养企业人才，建设一支过硬的人才队伍。对企业人才队伍最好的激励是欣赏和赞扬，当企业员工在平时有良好表现或工作中取得突出成绩时，领导的赏识和赞扬，往往使他们深深感受到自我价值的实现，表现出无尽的前进动力，在精神和心理上获得极大的满足。企业要从全面发展人、培养人的角度，千方百计地创造有利条件，努力做到用欣赏的眼光去看待员工，给员工提供充分的发展机会和动力支持，为他们搭建施展自我才华的舞台。只有这样员工才能更加努力地工作，刻苦钻研，不断创新，全身心投入工作中，以优异的成绩来回报企业的关心和爱护。

（3）培训激励。培训激励是指为了提高员工本身的技术水平，为员工自身发展提供更多的发展机会和条件，从而使培训活动成为员工的必要需求。通过培训活动及互动经验交流活动，员工将更加符合企业培养创新人才的要求。如今，竞争非常激烈，企业培训已经不再是一项奢侈的开支，而是一种必需品。西方国家的一些企业，早已经不把企业培训作为一种成本，而是作为一种投资，把它写进企业的经营计划里，它同时也是一种员工福利、一种激励员工的方法。培训的最终目的是培养一支有较强的血液更新能力和造血能力的创新型人才队伍，并不断提高人才的个人技能和创新能力。只有坚持不懈地、强有力地培训，才能保证企业与人才有持续发展的力量。此外，应将考核与培训、晋升相联系，加强培训对员工的吸引力。

（4）晋升激励。由于现代社会工作压力大，员工流动性比较大，为此，企业需要给员工提供稳定的工作环境和能持续晋升的职业发展方向，这些会成为员工踏实工作的根本保障，也是对员工进行归属激励的内在因素。其实，多数员工都有安于现状的心理存在，所以对员工进行归属激励的重要方法之一就是职业晋升。员工职业晋升体系与企业人力资源管理的各个模块是相关联的，它们相互作用、相互影响，并为企业人力资源管理工作提供最直接、最有力的支持，统一运用于企业人力资源管理的全过程。

（二）大数据人才培养体系的运行模式

1.大数据人才培养体系运行的前提

运行机制是一定机体内各构成要素之间相互作用和联系的制约关系及其功能。在机制整体运行中，各构成要素运行过程和特点不同，配置方式、组织形式及调节功能也不同。大数据人才培养的运行机制是大数据人才培养工作系统与培养过程中各要素的有机组合和运行。

（1）树立新的大数据人才观念。大数据人才大多数是创新意识强，经历长期、大量的知识积累，从事专用性程度高的工作，并逐渐成为某领域的专业型创新专家。他们具有敏锐的观察力及强烈的创新意识，并且自主性较强，敢于创新，善于创新。技术创新人才受自身所受教育及工作特点等的影响，具有严谨的综合分析能力和科学思维能力，并且自身的竞争意识比较强。由于创新人才稀缺程度较高，所以他们更加重视自身的独特性。大数据人才具有稳定的研究方向和扎实深厚的基础知识，精通本专业内的最新科学知识，了解学科发展方向，而这需要大量的、长期的、密集的学科知识积累。此外，培养和使用技术创新人才，从客观上要求企业为技术创新人才投入大量的设备、资金及其他必需的物质条件，还需要投入大量的机会成本和时间成本，否则将导致企业对大数据人才及其创新活动的投入不足，最终导致大数据人才短缺，技术创新工作无法开展。

（2）转变急于求成的浮躁思想。目前，我国科技队伍已发展到相当大的规模，但大数据人才匮乏，而导致目前这种局面的根本原因是我国社会文化同创新型科技人才成长所需的条件不相适应。培养相当规模的具有创新精神的优秀人才是一项庞杂的社会工程，学校教育阶段如同幼苗的温室培育，而真正促进幼苗成长的土壤是社会文化。因此，若要推进宏大的培养创新型人才工程，就必须坚持不懈地贯彻自主创新战略，坚持从创新文化环境抓起，为创新型人才的成长创造合适的土壤。此外，文化环境的建设要以党中央提出的建设创新型国家为中心。一个国家人口的综合素质与文化环境密切相关，若想不断培养出高素质的创新型科技人才，就必须拥有与该类型人才成长相适宜的文化氛围。为了创建这种文化环境，就要在全国上下宣传和弘扬中华民族的传统美德，倡导自尊自强，在文化环境创造上发扬文化精髓，改正陋习，摒弃不健康的文化心态。具体来说，就是要使国民的心态实现三个转变：一是提倡将原有的“重物轻人”思想向“以人才为本”的思想转变。在意识中强化创新型科技人才的培养和使用直接关系我国未来经济社会发展的观念，清醒地认识到创新型人才工程建设的投资回报率大大高于物质资本的投资回报率，从社会群体的普遍意识上达成有利于创新型科技人才成长的社会共识。二是在思想上要由以往的急功近利向尊重规律转变。三是各级领导要养成科学思维，充分认识科学研究需要长期经验的积累，尊重科学规律，认识到科研成果的结出需要长期的积淀，力戒急于求成的浮躁情绪。

（3）创造宽容失败、鼓励争鸣的氛围。提倡由以权威为纲的思想向自由争鸣思想转变，防止出现权威和行政垄断现象，大力鼓励青年科技人才敢于提出自己的想法，敢于挑战第一，执着通过实践来追求真理，打破因“经典”存在而导致的压抑创新激情、干扰科研的现象，不因一时成败阻碍探索的脚步。努力形成允许失败、百家争鸣、包容人才、共谋创新的良性发展局面，从根本上给予科技人才自由舒适的创造空间。倡导由单打独斗的思想向协同配合的思想转变，要清醒地认识到当今科技只有注重协作才能结出硕果的道理，大力支持与促进跨学科、跨专业人才的交流合作，逐渐消除不讲协作只讲竞争的狭隘科研观念，在积极的合作与公平的竞争氛围中，激发闪耀的创新火花，促进重大创新成果的生成。通过多种切实有效的途径来创新文化建设，使科技人才形成专心谋事的成就感，消除分心谋人的疲惫，从根本环境上使创新型科技人才有用武之地，消除冗杂的后顾之忧，有深化“内涵”的动力而无应对“内耗”的压力。通过创新教育环境和文化氛围，保证培养对象在素质教育中成长、在协作配合中成长、在自由开放中成长、在潜心探索中成长，为创新型国家建设培养优秀的人才，储备充足的后备力量。

2.大数据企业文化建设

企业自身所具有的文化体系是支持技术创新的一套详细的“软件”系统，企业文化对创新的作用，体现在对管理者、员工价值观、思维模式和行为方式的不同影响。创新是一个从创意产生到成果实现的连续过程，这个过程既是一个知识创新的过程，又是一个连续的决策过程，而无论是两者中的哪一个，其中的行为主体必然会受到所在企业文化的影响。因此，只有自发地把自主创新行为落实到行动中，组织整体成员形成共同的创新意识，并由组织主体带头开展创新活动，创新过程才可能成功。有相当多的研究案例已经证明，高科技企业经营业绩与企业自身所特有的文化之间存在正比例关系，企业文化环境越积极向上，经营业绩往往越好，企业在市场和社会中的影响力也越大。换句话说，充满活力的企业文化可以提高企业的整体文化形象，增强企业软环境下的竞争力。通常情况下证明一个公司综合实力的主要因素是公司吸引、激励和留住人才的能力，而公司文化是使这种能力迈向更高水平的重要工具。因此，只有在企业内部创立并完善富有创新精神的企业文化，才能为建立大数据人才体系提供强有力的基础性保障。

（1）培育大数据人才的创新价值观。对于一个企业的技术创新发展来说，树立企业主体的创新价值观意识非常重要，只有企业自身认同创新意识并将这种意识传递到每个员工的心中，员工才会在企业主体的引导下自发地将这种价值观落实到日常的工作中，从每一个工作的细节实现创新成果的初期点滴积累。然而，目前的情况是企业主体往往自身就缺乏主动树立创新价值观的意识，在这种没有统一目标和指导的形势下，要求员工发挥创新意识显然是不现实的，因此企业整体的创新能力也就无法凝聚体现。所以若想激励员工发挥自身的主观能动性，企业主体首先必须在自己的发展道路上设立一个总体的愿景规划，明确自己的主导意识，从而带动全体员工发挥各自的创新积极性，实现创新发展的目标，这才是企业创新型文化建设的关键。

（2）提倡沟通与员工参与。鼓励员工间的交流和参与是企业文化中必不可少的一部分，这种交流和参与可以使员工之间的信任感和尊重感进一步增强，这样对于日常工作中出现的问题可以更加及时妥善地解决。良好的氛围可以为下一步的创新消除障碍，并且，这种氛围也是企业在发展中一直追求的目标之一。有社会心理学的研究和经验证明，作为个体通常情况下对于身边的事物有很强烈的了解和认知意愿，对很多重要信息的了解和知悉可以增加个体对于自身行为成功的信心，并提高个体投身行动的主动性。作为企业的员工，在正常情况下每个人都希望能知悉企业引进新技术的动机、所能获得的利益预期，以及获得利益后对于自身将产生何种影响。所以每当企业开始新的计划之前，都应该将企业对于该计划的预期愿景传递给员工，确保每名员工都能从内心理解并认同企业的计划，因此不同部门间的联谊活动或者交流探讨都是促进员工间、员工与企业间加强沟通的有效措施，有利于企业的长远发展和秩序稳定。

（3）建立企业学习型组织。提倡深入学习是创新型企业文化的一个重要特征，深入学习包含两个方面：一方面是员工自身的学习要从基础的、短暂的阶段提升为深化的、持续的阶段，另一方面是要改变学习上存在的个体学习、整体不学习的情况，提倡团队整体开展学习。事实证明，一个学习型组织的员工总是在自发地不断学习，并能主动将他们学到的知识运用到实践中，转化为更加强大的技能，促进生产力的进一步提高，从而获得更大的经济效益，并且这一过程是持续不断的。

我们要清楚地认识到，学习型组织的建立是一个长期的过程，并且这一过程是循序渐进的。而学习型组织的建立是建设创新型企业文化的重要一环，同时也离不开良好的学习氛围和制度的支持。建立学习型组织可以运用树立标杆的方式来实践，首先可以选择一个在建立学习型组织方面表现较出色的企业，通过分析该企业各方面成绩取得的原因，对比自身的不足，寻找差距，进而制定科学合理的改进策略，激励企业上下奋起追赶。而这个标杆企业，可以从竞争对手、合作客户，甚至行业外的企业中进行选择。此外，企业可以通过诸如互联网、内部刊物、公司局域网等方式来实现信息的储存和共享，根据员工的特长来进行知识技能类型分组，加强员工间的了解，促进员工间的互相学习；还可以在公司内部设立专门的信息分类管理职位，进一步提高编辑管理各类型信息的水平，同时允许员工利用工作实践来获取知识或者解决问题。

第三章 大数据背景下会计教学的创新路径

第一节 大数据背景下会计教学改革的创新思维

一、大数据背景下会计教学改革的运行机制

（一）大数据时代背景下会计教学运行机制

1.教学目标的改革

网络会计环境下，会计人才不仅要懂得会计理论知识、会计核算业务以及财务管理知识，还必须知道如何应用会计软件来实际操作这些业务及如何优化企业的网络会计环境来实施网络会计。唯有这样，学生才能实际胜任会计工作岗位。这时的会计人才显然是既要懂会计知识，又要懂计算机应用，还要懂企业管理的复合型人才。高等教育现行的教学目标定位没有重视网络会计方面的需要，已经开始对毕业生的就业前景产生了负面影响。所以，我们的教学目标要改革，要兼顾学生会计业务能力和会计软件的实施及操作能力的培养。树立复合型人才教育目标，用前瞻性的眼光突出和加强网络会计的地位。

2.教学理念的改革

网络会计的出现使会计学科体系扩充了新的内容，加入了会计软件、电子商务等方面的内容，而且这些课程之间具有纵向上的层次递进关系，在横向上又具有内容方面的

关联。其中，电算化类课程的部分内容更新还比较快。

在新的形势下，会计专业教学理念要转变，要用更宽的视野和发展的眼光来看待专业教学，使专业的包容性更强，而不应为了迎合市场上的某些需要去设置过细的方向，在会计专业中再设“注册会计师”“会计电算化”“会计学”等方向。因为，就会计专业来说，它是定位于培养基础性专业人才的，显然，会计理论基础知识、会计业务技能、电算化技术应用能力都是必需的，没有必要在这些方面厚此薄彼。对学生在会计学理论方面或会计电算化方面进行进一步的专门培养，是研究生阶段的事情，可以到研究生阶段再去设一些较细的方向。同时，由于学生从在校学习到毕业后在单位从事会计工作有一个时间差，所以学生所学知识能为日后所用是十分重要的。一般来说，学校教学内容是相对静态的，在一个时期内变动较少，而会计工作实务却是相对动态的，随着国家的会计制度或有关政策的变化，会计核算方法也会发生变化。随着会计电算化技术的不断发展，会计核算手段也会不断推陈出新。因此，会计教学要有前瞻观念，在市场经济条件下，有关会计制度和会计准则方面的变化趋势问题要在教学中加以体现，对已经出现但尚未在企业广泛推广的较先进的会计软件要加以介绍，以保持教学内容能符合会计实务的实际和发展趋势。

3.教学方式的改革

封闭式教学使学校和社会之间有“一墙之隔”，不利于学生接触实际，不利于理论联系实际。今天的高等教育不仅要向学生传授书本知识，还要注重培养学生获取知识的能力、动手能力和创新能力，而这就需要在教学中向学生提供较为丰富的教学形式，包括情景教学、案例教学和专题讨论等，而这样一系列的教学方式需要的素材资源是十分丰富的。一般来说，学校内部不可能提供这些素材的全部，学校提供的教学条件是有限的，因此，向校外寻求教育资源补充是很有必要的。实行开放式教学有利于利用校外各种教育资源。组织学生“走出去”学习，可以利用校外企业的网络会计设施实行现场模拟教学，以弥补学校因缺少实验设施而无法进行一些实验的不足。学生通过在校外接触企业会计实际，可以尝试解决一些学校教学中没有触及的实际问题。通过聘请校外有关专家进行专题讲学，可以弥补校内教师某些教学方法的不足，有利于学生拓宽视野，定期接触到学科方面新的动态。同时，实践教学也要进一步加强。这里要抓好两个方面：一是要多上一些实验课，除了课时安排实验课外，还应增加一些开放的实验课，为那些需要进一步加强练习的学生和有兴趣、有潜力在电算化技术方面进一步探讨的学生提供更多的实验机会。二是对现行的实习环节做些改革，目前学校大多只安排毕业前实习，以准备毕业论文，由于这个时期学生大多忙于工作或考研，可能没有太多的心思用于实习，所以实习效果并不太好。面对新的情况，学校可考虑增加学年实习，以便学生在学习中途有机会接触实际，从而更好地领会和消化阶段性学习内容，也可安排学生在假期进行一些专题实习。

（二）基于 MOOC 的实践教学运行机制

1.设计理念

按照会计专业实践教学过程实践性、开放性和职业性的要求，根据职业岗位层次、职业能力要求分门别类设置网络模块。此外，在调查现有 MOOC 的基础上，分类已有在线课程，以现有实践教学体系为支撑，配套网络实践环境、软件，构建基于 MOOC 的实践教学平台。

2.功能设计

在线教学平台是实施基于 MOOC 的会计专业实践教学的基础，应满足学生实践的要求、可用性的需求，并提高其学习持续性。功能设计应简洁易用，教学资源应多元化，其基本功能应包括基于数据库的大规模学期教学管理、学生注册、课程链接及课程上线、兼容浏览器。运营一定时期后，还应逐步实现手机、平板、计算机等终端的访问接口，提供在线课程的即时测试，建立课程论坛，进行课后测试和平时作业，记录课程资源利用情况，提供在线问题研讨厅，配以实时在线辅导答疑，并提供成绩综合评定系统，为校内导师和企业教师提供综合评价平台。

3.实施与保障

调动学生的兴趣和参与性，其核心是教师。在线教学平台的众多教学活动设计与组织机制，例如设置教学情境，组织教学内容，提供独立的、可以帮助学生自主预习的短视频、阅读材料，设计课程实践情境、完善评价方式等，都需要保障团队来进行，这对保障团队提出了要求。

会计专业实践教学体系的顺利实施需要专兼职教师团队，除校内专职教师外，团队中还需要网络技术专家、视频录制与制作专家和会计行业专家。网络的设计和视频的录制与制作可以外包给专业公司来完成。但优秀的会计人力资源，则需要不断通过校企合作逐渐开发，进而保持稳定。

4.实践课程评价机制

会计专业融合了导学、实践教学及学习环境一体化的网络平台，能够充分调动现行资源，如企业案例资料、各类财务软件、教学平台等，建立学生课内、课外与教师沟通交流的有效媒介。除在线模拟课程的学与自身工作项目的做之外，还需建立起实践导师导学、定期见面答疑和常态化网络答疑机制，改变在线课程以往“视频+答疑”的简单学习与评价模式，形成学生自评、小组评分及计算机客观评分、实践指导教师评分等相结合的实践评价机制。会计专业实践教学按照岗位课程的内容，将职业工作内容项目化，配套的课程评价机制则以项目评价为主。评价过程中做到既要检测学生对实践课程相关知识的理解、掌握程度，又要考查学生岗位技能的运用及模拟项目的完成情况，并附带评价学生通过课程的学习，在综合分析能力、表达能力、团队合作、道德素养方面达到的水平，进而全面提高学生岗位适应能力。

二、大数据时代会计教学改革的主体分析

（一）大数据时代会计师资队伍的建设

1.会计专业教师课堂内部角色特性的重新定义

随着新课改方针的大面积覆盖落实，职业院校内部的会计专业开始大力提倡项目教学法，希望师生之间合作，渲染课堂积极探究互动等愉悦氛围，使得学生能够在课后不断借助网络、图书馆渠道收集广泛的课题信息，同时主动渗透到对应岗位领域中积累实践经验，不断完善自身经济分析的实力。透过上述现象观察，教师全程角色地位几乎发生着本质性的变化，涉及以往知识填鸭式硬性灌输的行为弊端得以适度遏制，并且其懂得朝教学情境多元化设计、学生自主学习意识激发和会计专业技能科学评估等方向过渡和扭转，规避学生在今后就业竞技过程中滋生任何不必要的限制因素。

2.教师会计思维创新和团队协作意识的全面激活

具体就是遵循会计行业专家的科学指示，自主将会计一体化教学岗位实践工作内容，视为自我专业技能和职业道德素质重整的关键性机遇条件，积极推广宣传和系统化落实项目教学理论。毕竟，借由上述渠道开发和延展出的教学项目内容独特性显著，作为新时代专业化会计课程讲解教师，应该敢于跨越不同学科的束缚，在团队合作中完善自身各项学科知识、技能结构机制，这样才能尽量在合理的时间范围内，将今后的工作任务转化为项目教学策略并进行细致化灌输。

3.不断提升教师团队整体现代化教学理念

为了快速辅助会计专业教师转变岗位意识，相关职业院校领导可以考虑定期邀请会计分析专家前来开展专题报告工作，确保校本培训工作内容的大范围延展结果；鼓舞相关专业教师明确掌握会计专业课程改革的现实意义，愿意投身到不同规模职教学会、教研分析活动之中，或是参观教学改革成就突出的校园，及时更新自身教学规范理念，避免脱离时代发展诉求。

（二）师生进入移动自主学习角色

1.学生角色

学生进入移动自主学堂后会看到自己未完成的任务，其中包括教师发布的考试、作业和学习资源；自己制定的学习任务，如查看学习资源和错题练习等；系统根据学习曲线算法在适当的时间给学生布置相应的学习任务，当学生长时间没有练习和复习某个知识点时，系统会将相应的学习资源和练习推送给学生进行练习和复习。学生可以查看自己最近一段时间的学习记录，及时了解自己的学习情况。学习记录中包括最近学习了哪些资源，以及学习每一种资源所用的时间、测试情况的反馈，包括每一个知识点测试题目的数量、正确率等信息。平时考试、做作业会产生错题，利用好这些错题可以有效提高学习效率。移动自主课堂考试、作业功能可以根据学生的学习记录自动剔除学生已经牢牢掌握的试题，从而缩短学习时间，提高效率。学生可自主在题库中随机（由系统根据算法进行预筛选）或指定筛选条件来抽取试题学习，也可以根据系统推送的与其掌握得不好的知识点相关的试题进行练习（缩短学习时间）。同时，系统根据高分学生的学习记录，推送这部分学生的学习资源和练习题供当前登录的学生进行练习，并根据练习题的测试情况调整推送参数，以探索最适合该学生的学习模式。针对每个学生的不同学习特点，系统对学习资源进行有效分类。

2.教师角色

教师可利用计算机或其他方式出题，同时指定试题的属性，如关联的知识点、体现的能力和难度系数等。对于试题的难度系数，系统可以根据学生答题的情况计算出来，自动将错误率较高的题目推送给教师并给出建议，如题目太难、讲解不够等，从而优化题库。为了提高教学效率及资源利用率，系统可以统计每个资源的使用情况，包括学习次数和时间等，并针对使用过于频繁或者过少的资源推送通知。教师可以通过考试系统发布随堂练习，及时查看学生对知识的掌握程度，以便当堂解决学生在本节课的学习中存在的问题。考试系统根据历史数据，对试题库中的试题进行预筛选，剔除正确率非常高、近期出现频率过高的试题，同时将错误率过高、近期很少出现的试题前置显示，为教师提供更多的建议，从而提高出题质量，实现因材施教。在体现个性化教学方面，系统中的学生学习情况查询功能可以使教师了解学生的整体情况，包括错误率较高的知识点和题目。同时，将查询到的数据与相应学生学习资源的时间投入情况进行对比，以协助教师分析学生失分的原因。还可以针对指定学生，了解其最近的学习档案和考试、练习情况，包括其薄弱知识点、资源学习的盲区等，以便针对个体给出个性化的学习建议。

（三）营造师生及生生互动的学习氛围

1.师生、生生互动

移动自主学堂采用先学、精讲、后测、再学，并有教师参与的教学模式。在移动自主学堂中，教师根据学科类型、知识点特点、学生特点、教学目标与教学内容等，可采用灵活多样的教学方式，并且系统可自动记录学生行为和教师行为数据。学生之间可以针对某个知识点进行竞争学习，教师和学生之间可针对某个知识点发起话题讨论等，在课堂教学中实现师生、生生互动。更重要的是，这样可采集到用于学生分析和管理的真实数据。

2.个性化学习

在课堂教学中，虽然学生是在教师的安排下有序学习，但课上时间主要集中在教师对疑难问题的解答或教学内容的精讲上。而那些在课上没学会或缺课的学生，则可以在课外登录“移动自主学堂”，自主学习课堂教学中的相同内容。在课外，系统根据每位学生的学习路径和近期学习情况，针对教学过程中的重难点和每位学生的错误点进行个性化推荐。根据系统记录的学生错误试题的数据，教师也可以进行个性化指导。

三、大数据时代会计教学的人才培养探索

（一）网络经济时代网络会计的应用

随着经济全球化和信息化进程的加快以及计算机技术、互联网和通信技术的发展，信息处理的速度越来越快，传统工业经济模式下的手工操作及简单的电算化操作难以适应网络时代的需要。会计作为经济信息系统的一个重要子系统，对经济事项的处理和会计信息的传递必须网络化。这样，会计信息的输入、加工、处理和传递才能更加便捷，共享会计信息将达到前所未有的程度，而与国际惯例相协调的会计信息及网络信息，无疑会增强我国参与国际竞争的能力。

（二）网络经济时代会计人才需求

目前我国会计人才的供需结构尚存在着较大的不平衡。一方面，会计学专业毕业生的知识面较为狭窄，相当多的毕业生只懂得财务会计理论知识，而对企业经营管理和生产经营活动的业务流程等方面的知识了解不多，缺乏独立思考和具有创造性思维的能力，理论与实践脱节现象较严重，学生对会计实务了解不深，理解不够透彻。另一方面，社会经济的发展又急需一大批会计专业人员。特别是在会计信息化的普及和经济全球化、国际化的宏观环境下，市场对高级网络会计人才的需求更是十分迫切的，这使得现有会计人员的能力和素质都面临着更加严峻的考验。在当前及今后相当长的一段时期内，通晓国际会计规则的国际会计人才、熟悉经济管理和税务法规、懂得财务管理理论、具有一定管理决策能力和掌握现代信息技术的高素质会计人才，将备受人才市场的青睐。

随着我国经济全球化网络化的发展，会计人员原有的知识水平、知识结构已经落后于网络经济发展的步伐。在网络环境下，会计人员不仅要能进行计算机操作，还要能解决工作中出现的各种问题，所以应积极培养能掌握现代信息技术、现代会计知识及管理理论与实务的复合型人才。提高会计人员的素质，是促进网络经济持续、快速、健康发

展的基本前提之一。

（三）网络经济时代会计人员应具备的素质

1.网络经济时代会计人员的管理

网络经济时代下会计的职能由核算型转变为管理型，这要求会计人员具有相应的管理能力：

一是决策支持能力：能够提供管理建议，进行预测分析、报告，当好决策者的参谋。

二是资本运营能力：不断更新、扩展知识面，拓宽企业生存空间。

三是公关能力：处理好与银行、财税、审计、工商等部门之间的关系。

四是综合分析、思考能力：能够结合市场经济变化，运用市场经济规律，对财务信息数据进行合理分析，提供决策依据。

2.网络经济时代会计人员的计算机知识

网络会计人员除了必须懂得一些常规的计算机操作知识，还应该学会一门编程语言并掌握其设计方法。同时，能够结合财会岗位的工作特点，进行有关财务软件的简单维护，并熟练掌握常用软件（如 Office、Excel 等）的使用方法。

3.网络经济时代会计人员的网络安全知识

网络安全问题一直是网络会计面临的最主要的问题之一。会计人员应努力学习网络安全知识，在对网上会计信息进行有效过滤的同时，注意保护本企业的会计信息，防止非法访问和恶意攻击。

4.网络经济时代会计人员的网络会计理论

目前我国关于网络会计的理论和法律法规等还不十分完善，因此应该注重对国外先进理论的学习与借鉴，网络会计从业人员应做到与时俱进，紧跟形势，加强对新出现的法规政策的学习，不断丰富理论知识。

5.网络经济时代会计人员外语的应用

网络经济时代，要求会计人员具备较高的外语听、说、写能力。传统的商品交易将发展成以电子媒介为基础的电子商务，网上交易将成为时代发展的趋势。企业的财会人员很可能因此被赋予除算账、管账等传统职能之外的许多边缘职能，如重要合同条款的审定、网上支付款项等。或许这些交易的对象是从未谋面的异国商业伙伴，根据通常的习惯，作为沟通和交流的语言一般都是英语。在经济发展全球化的今天，商品交易日益国际化，充斥着大量外语的商业信函、重要合同文本、往来凭证等，支付手段也存在于国际交往之间，英语等外语的掌握已成为衡量一名财会管理者合格与否的标准之一。

6.网络经济时代会计人员国际化的会计眼光

网络经济时代的到来，同样要求会计人员要有适应国际竞争的新观念。应该拥有全球化的视野和开放的眼光，要站在全球角度考虑问题，而不能局限于本地区、本部门。会计人员要将国际竞争机制和新型的会计规则引入国内，依法办理，适应国际办事效率。在国内交往中那些不守时、不守约、不守信用的做法，在国际上是行不通的，必须尽快改变；要强化质量意识，适应国际质量要求，提高服务思想，适应国际服务水平。会计人员要以更广阔的视野、更博大的胸襟和更开放的姿态，大步地融入世界经济发展的大潮中。

第二节 大数据背景下会计人才培养措施

一、大数据时代会计教学的理念

（一）会计专业人才培养的目标

根据企业和劳动力市场对会计人才的需求，以服务经济建设为宗旨，坚持以就业为导向、以能力为本位的教育理念，建立多样性与选择性相统一的教学机制，通过综合、具体的职业实践活动，帮助学生积累实际工作经验，突出会计专业教育特色，全面提高学生的职业道德、全面素质和综合职业能力。根据我国会计发展的客观要求及劳动力市场的特点，考虑我国经济领域各行业的发展水平，以及不同地区经济、技术、社会以及职业教育的发展水平和区域特点，着力提高学生的操作技能和综合职业能力。

会计专业的人才培养应体现以下原则：

1.根据市场需求，明确人才培养定位

以会计领域的分析、人才市场的分析为前提，以生源分析和办学条件分析为基点，以用人单位对毕业生的满意度和学生的可持续发展为重要检验标准，按照适应与超前相结合的原则，培养各行业和各企业有关市场营销岗位需要的、能胜任相关职业岗位群工作的技能应用型中高级专门人才。

2.以全面素质为基础，提高综合职业能力

针对技能型人才的培养，应加大行业分析、职业分析、职业岗位能力分析的力度，构建以技术应用能力或面向工作过程的能力为支撑的专业培养方案，加强实践性教学环节，以提高综合职业能力为着眼点，以人格的完善为目标，使受教育者具有高尚的职业道德、严明的职业纪律、宽广的职业知识和熟练的职业技能，成为企业生产服务第一线迫切需要的、具备较高职业素质的现代人和职业人。

3.以社会和企业需求为依据，以就业为导向的指导思想

将满足社会和企业的岗位需求作为课程开发的出发点，提高高等职业教育的针对性和适应性，探索和建立根据社会和企业用人要求进行教育的机制，根据社会和企业用人需求，调整专业方向，确定培养规模，开发、设计产学结合、突出实践能力培养的课程方案。职业学校应密切与相关行业、企业的联系，在确定市场需求、人才规格、知识技能结构、课程设置、教学内容和学习成果评估方面发挥企业的主导作用。

4.适应行业技术发展，体现教学内容的先进性

会计专业应广泛关注行业新知识、新技术、新方法的发展动向，通过校企合作等形式，及时更新课程设置和教学内容，克服专业教学存在的内容陈旧、更新缓慢、片面强调学科体系完整、不能适应行业发展需要的弊端，实现专业教学基础性与先进性的统一。在课程中还应融入如何去学习专业知识、寻找获取专业相关信息的途径与方法等思维训练及方法训练的内容，在学习与掌握职业知识过程中强化学习方法与创新意识，培养现代社会从业人员所必须具有的方法能力与社会能力，使学生通过学习能适应时代发展的需要。

5.以学生为主体，体现教学组织的灵活性

充分考虑学生的认知水平和已有知识、技能、经验和兴趣，为每一个学生提供劳动力市场需要和有职业发展前景的模块化的学习资源。力求在学习内容、教学组织、教学评价等方面给教师和学生提供选择和创新的空间，构建开放式的课程体系，适应学生个性化发展的需要。采用大专业、小专门化的课程教学模式，用本专业职业能力结构中通用部分构筑能力平台，用灵活的模块化课程结构和学分制管理制度满足学生就业的不同需要，增强学生的就业竞争力。

（二）大数据时代会计信息化人才的培养目标

1.会计人员信息化

移动大数据时代的到来，推动着云计算、信息录入系统等高科技的应用，原有的会计系统也将转化为以互联网为基础，由专业的服务终端提供的系统，且其中包含会计核算、财务管理等功能。同时也表明，计算机等高科技数码终端将会成为会计工作的主要工具。因此，需要会计人才在掌握扎实的专业能力的同时，还要了解计算机及局域网络应用方面的知识，能够轻松运用网络平台进行工作。此外，会计人员还要掌握相关的网络管理技能，确保计算工作在一个安全、稳定的环境进行。

2.会计人员管理化

会计管理工作是企业管理中的重点工作项目，而在大数据时代中，开放性、交互性的网络特点为管理工作带来了很大的挑战。因此，需要会计人员具备优秀的管理能力，利用财务会计知识，提升企业管理水平，从而促进企业发展。此外，会计行业为了适应互联网的环境，逐步推进管理体系以提高服务水平，企业对会计工作的理解也逐渐由基础的账目核算转化为使企业利润最大化的决策工作。因此，也需要会计人员擅长财务核算及管理技能。

3.会计人员国际化

大数据时代的到来，给传统带来了一次颠覆。一成不变、中规中矩不再是自生之道，对会计而言，如果再以不变应万变，恐怕最后的结果只能是淘汰。所以，随着世界经济的密切联系，会计从业人员必须开阔眼界，学习多种语言。

涉外会计人员在企业的发展中占据着重要的位置，关系着企业的发展，因此成为企业急需的应用型人才。目前我国涉外会计人员数目较少，供不应求，而相关专业的毕业生无法胜任国际化企业会计一职，不仅浪费国内优秀的会计人才，还制约我国企业的国际化发展。因此，会计人员需要精通一门外语及相关的国际会计规则，并能将其应用到经济管理之中，成为一名国际化会计人员，加强国内外企业交流沟通。

（三）大数据时代会计人才培养理念

1.建立专业的师资队伍

专业的师资队伍是保障学生专业化发展的一大基础，因此需要建立多元化教师队伍，提升教师专业素质。首先，队伍中需要包含专业的会计核算教师、财务管理教师、会计评定教师、计算机专业教师、外语教师等。其次，教师需要定期参加培训，使自身的专业能力能够达到社会发展的需求，也要参加针对会计专业信息实践教学的培训，获得真正的实践经验，并能将经验应用于教学中，切实提高学生的实践能力。最后，制定教师考核、评价制度，当考核结果未达标准时，可通过淘汰或继续培训的方法提升其专业能力。

会计专业传统教学模式主张理论、实践教学单元单独布置，其中理论教师注重理论知识讲解，实践教师注重实际操作，再加上课程进度不一，理论教学与实践教学严重脱节，不但给学生的学习造成了很大困难，也造成了重复教学和资源浪费，更影响了教学质量的提高和应用型、技能型人才的培养。为适应市场需求，现代教育呼唤新的教学模式，专业基础理论与技能实践一体化，线上教育和线下交流同步展开，如今此类教学引导模式正在实践与探索行列之中。

2.创新教学方法

正确的教学方法是学生提高专业能力的基础。传统的教学方法理论度过高，学生接受度不强，且无法真正感受到大数据时代的特点。因此，教师需要创新教学方法，加强学生互联网意识。首先，教师需要与学生转换位置，将学生作为课堂的主体，教师仅起到引导的作用。其次，教学手段由传统的“一言堂”式转变为师生共同学习的方法。教师可将重点内容提前告知学生，并根据学生的学习特点分成小组，使其提前预习，在课堂上进行讲解，教师随后进行点评与指正，这样的方法能够加深学生对知识的印象，并增加教师与学生的交流次数。最后，教师可利用互联网的优势进行教学，例如应用新媒体、计算机等数码设备进行授课，可将理论度较强的知识转化为直观的图像或影音，使学生在课堂之上便可理解知识的来源与发展。

此外，教师可利用问题引导课堂的走向，可将大数据时代的特点融入问题之中，引导学生思考；教师也可将其他相关课程添加到网络授课之中，使学生在课余时间也可观看教学视频。学生可自己掌握并控制学习进度，实现自主化学习。但网络授课需要教师进行有效的管理，教师需要在网络平台上与学生多加交流，加强学生对教师的信任度，提升学生的学习兴趣，并使其了解更多的会计知识。而且，教师可以利用互联网技术创建网络班级、云课程等交互式教学设备。学生可以感受到网络的特点，也能享受丰富的网络资源。

3.调整课程设置，增加实践课程

调整课程设置前，教师需要设定正确的教学目标。根据当前大数据时代的需求，教学目标需要以学生具备优秀的会计、管理、评估能力为主。然后，教师需要根据此目标设置相关教学课程，其中理论课程需要包含会计核算学、会计管理学、财务管理学、外语等相关课程，课程比例应以核算学、管理学为主。而实践教学设置比例需要与理论课程相同，以加强学生的实践操作能力。为此，教师可利用建立实习基地、创建实训模型等方法进行实践教学。高等院校可与会计师事务所进行合作，给予学生实践的机会及场地，加强学生财务管理方面的实践能力。学生也能因此接触到真实的账目，从而理解大数据时代会计工作的真实情况。此外，教师可利用沙盘模拟等方法，使学生在校内也能感受到真实的经营环境，使其在几天的时间内便可模拟企业多年的经营情况，了解企业在互联网环境中的发展趋势，并能明确会计工作所要具备的条件。

4.丰富教学资源

在传统的教学方法中，课堂资源皆以课本、讲义为主，学生接触到的知识过少，无法满足社会的需求。因此，教师需要将书本与网络资源进行整合，使得会计教学能够立体化发展。为此，教师可将互联网中可用的教学资源推荐给学生，学校也可与其进行长期的深入合作，保障学生能够享有丰富的学习资源。学生应时常阅读会计专业的相关论文，了解会计行业的最新动态。此外，教师需要根据学生的特点，筛选出可用的课程资源，针对资源设置相关问题，并对教材及习题资源进行有效的改进，从而使学生更多了解大数据时代的大数据特征。

二、大数据时代会计人才培养改进方法

会计专业人才培养主要是对复合型会计人才的培养，这是企事业单位在未来的发展中必须遵从的。各大职业学校都需要为社会输出高质量的技术应用型人才。在我国，会计教育具有职业性、岗位性、针对性和实用性等特色，其最终的目的是为企业培养高素质的会计人才，培养学生的软件操作能力、职业能力和数据分析能力。在当前的会计信息化趋势下，对会计人才的培养主要是对其财务分析能力和财务创新能力的培养，从核算型会计逐渐转变为决策型会计。在互联网背景下，会计人才培养还要从以下三个方面入手：

（一）培养互联网思维

1.会计信息化教育要多元化

传统的会计专业以基础知识教育为基础，但是在大数据时代，也要增加网课、微课、翻转课堂等教学形式，丰富学生的教学模式，拓宽学生的学习渠道，丰富学生的学习内容，借以增强学习效果。新教学手段的运用可以有效培养学生的独立学习、思考和解决问题的能力，对于学生未来的职业发展和人生发展都具有非常重要的作用。互联网背景下的职业院校教育需要以提升学生综合素质为核心，从而满足新时代会计人才的需求。

2.培养学生的互联网思维

会计信息化时代的到来对会计专业的学生提出了更高的要求，不仅对专业知识有要求，也对学生软件适应和运营能力、数据收集和分析能力提出了更高的要求。一般而言，数据信息化时代，财务学习的重点在于将理论与现实技术相结合，构建全新的学习模式，并将教育逐渐社会化，加强学生的毕业后教育和财务信息化教育。

（二）企业层面调整人才结构

1.注重企业财务人员的培训

第一，根据各企业对会计人才的要求，循序渐进地对会计人才进行培训。要从会计专业知识入手，加强互联网技术、财务软件使用、平台管理与应用等的培训。

第二，企业内部开展各种形式的培训，可以以网络为基础，进行网络培训、微课培训等，也可以邀请著名的会计专家举办讲座培训。在平时的培训过程中，多注意人才的培养和储备。

第三，企业内部开展各种比赛交流活动，以促进会计信息化知识的消化与应用，活动开展形式可以是技能大赛，也可以是论文评比，总之目的只有一个，那就是提高财务人员的学习兴趣，使其对知识的掌握更加扎实。同时，企业还可以通过各种物质上和精神上的奖励促使财务人员工作干劲十足，学习劲头十足。

2.优化财务会计人员结构

第一，企业要制定相关的财务人员岗位职责和岗位待遇方案，该方案对财务人员的具体职责、薪酬待遇都要有明确规定，优化财务人员队伍，另外还要对财务人员建立起相应的奖惩措施，以便能够更好地管理和制约财务人员，使财务人员认真工作。

第二，加强财务人员的人才储备，通过对职业院校和社会上的优秀财务人员进行考察和引进，并加以重点培养，来促进企业的发展。

第三，实行轮岗制度，它能使每个财务工作者都熟悉工作流程，万一发生突发事件，不至于使财务工作形成短流；同时，轮岗制度可以有效培养新人和重点培养对象，为企业财务工作积蓄力量。另外，轮岗还可以有效地提升会计人员的素质，培养出一些业务能力强、数据分析能力强，对企业发展有重要作用的人。

3.加强校企合作的模式

第一，与学校订立用人意向，使学校为企业培养专业化的、高素质的、对口的会计人才，这对于企业和学校来讲是双赢的，不但为企业解决了人才问题，同时也为学校解决了就业问题。

第二，制订企业财务人员的学校再培养计划。学校一直都是知识的传播基地，如果企业的财务人员能够定期到学校进行再培养，不定期参加财务课程讲座，必然能够有效提高素质，促进企业的发展。

第三，组织财务人员骨干培训班。财务人员的骨干培训班是企业为自身发展培养财务人才的必经之路，也是企业发展的最终归宿。

第四，通过学校培养一批中高级会计职称人才，为企业的会计发展做出贡献。

（三）个人层面加强信息技术学习

1.具备网络技术业务处理能力

随着我国会计信息化的不断发展，会计从业人员必须从自身找原因，迅速提升自身的业务处理能力，这是从业人员的立身之本。会计从业人员不仅要对会计的基本知识和基础知识烂熟于心，更要对互联网技术、会计软件的使用和管理，以及网络平台的运行与维护都能熟练运用，向复合型人才靠拢。

2.提升自我信息判断能力

会计信息化的发展必然引起会计职务的变革。随着会计信息化的发展，会计的工作已经逐渐转变，由财务信息的处理和提供，逐渐转向对财务数据分析和参与企业决策。财务信息的录入不再是最重要的，而对企业发展的决策前预测和在企业决策执行过程中的成本控制变得尤为重要。所以，对于会计从业人员来讲，具备一定的行业判断能力、市场分析能力和敏锐度都有更高的要求。

3.要有保障会计信息安全的能力

随着互联网、移动设备、云计算和社交媒体等新技术、新载体的大量运用，会计信息系统将面临被外部攻击的风险。所以，会计从业人员必须强化保障会计信息安全的能力，有效防范会计数据被截取、篡改、损坏、丢失、泄露等风险。

三、互联网远程教育在会计人才培养中的运用

（一）远程教育的概念及其特点

远程教育是一种新兴的教育模式，是更加适合业余充电学习的一种教育方法。它采用的媒体手段一般以网络及电视为主。它打破了地域和时间的限制，学生可以没有固定的学习场所，不需要在必需的时间和地点听课学习，学生和教师也不需要见面，学习的整个阶段都是通过远程的移动网络或者广播等数字媒体传送的。远程教育是一种非常开放的、灵活的学习方式，它打破了旧有的、单一的学习模式，使得学习途径更加丰富、多样的同时也增加了适应性。

（二）远程教育会计学专业实践教学的意义

远程教育会计学专业的培养方向主要是向社会输出适应各种国有、民营、基层单位财务方面的人才，通过对学生的远程教育使其能在相关单位担任财务核算、整理、分析等工作，并能够运用高科技手段处理工作业务，达到会计学专业必须具备的实用性特征。不难看出，会计专业的最终培养方向还是使学生胜任企业职位，这就需要培养学生的教学内容不只是局限在理论知识的学习上，还要结合实践进行实操训练。只有将教学理论和实践相结合，多增加锻炼实操的各种体验课程，才能培养出高能力、高水平的学生，培养出真正适应工作岗位的会计人才。

会计专业高等院校作为培养会计专业人员的主要场所，输出的会计人才能不能适应企业岗位，是否有过硬的业务实操能力，直接反映出院校的教学水平。这是社会评价院校的标准，所以实践教学的构建也是提高教学质量的重要步骤。

新型的教学模式要培养出适应工作需要的实操型会计人才，就要在教学中将理论知识和实践能力契合地相互融入，梳理两者的关系，不断优化理论知识在实际工作中的应用方法，提高实际操作的学习质量。将建设远程教学打造为理论与实践并重，适应多种学习受众群体的特色实践性教育体系。

（三）远程教育会计专业教学体系的构建

会计专业的学习主要包含三方面：理论基本知识的学习；会计基础技能的学习；会计实际操作培训。通过加强学生实践，增强学生对理论和技能的理解和掌握，让学生明白如何具体操作。经过这些培养，学生对知识的认知和实际操作的运用能够得到有效加强。具体来说，会计实践教学结构中包含的项目有教学实验、规定时间内的专业实习、模拟专业体验等。高效的专业教学质量不仅需要有充足的实践教学时间以及高标准的教师指导，还需要具有模拟真实常见工作场景的场所，并具备专业的管理模式。

坚持以实践教学思路为指导是构建远程会计专业实践教学体系的关键所在。要从思想上重视专业学习中实践教学的部分，从政策上支持实践教学。要坚持教学中理论与实际相结合的基本思想，还要坚定教学方式转变的信念，明确其重要地位。实践教学是有其整体体系的，整个体系中的环节缺一不可。实践教学应建立在教师和学生积极参与的过程中。体系中需要将课程进行的实际操作和学生在实习期的学习作为实践教学效果的增强力量。综合素质运用，如毕业设计实践操作，作为体系核心完成全部实践教学体系结构，细节分类又可以从实践教学方式、内容、教学程序上做详细分析。

首先，从教学方法上来分析主要体现在利用多种形式贯穿全程参与，也就是必须保证学生全程参与教学过程，参与程度可以逐层加大，由起初的小范围手工实验模拟到中间阶段的基地实战训练，再到最后完全自己实践完成毕业论文。学习过程中三种方式依次进行。

其次，从教学内容上分析主要体现在实践课程安排递进进行，第一阶梯是小范围实验教学；第二阶梯是实习实践，学生进入实习单位接受实际工作完成任务；第三阶梯是实战训练，学员深入具体单位完成完整业务；第四阶梯是毕业论文和毕业设计。四个阶梯如同楼梯一般上下分明，层层递进，通过前一层才能到达下一层。教学机构需要坚持理论联系实际的教育原则，合理安排教学内容，对各个阶段学生的参与成果进行指导，最后用心、合理地选择毕业论文命题。

最后，从教学程序规划上分析，要以“以学生为中心、全过程监控”为指导原则，多方面完善教学计划，促使教学规划顺利完成。一方面要严格完成规划内的学时时长。会计专业学生要利用足够的时间进行实践活动，独立选择实践活动的方式方法，完成规定学时。另一方面要对学生进行的学习实践提供必要的场地、所需要的设施以及专业化的指导和评价，也就是常说的服务支持。同时，还需要为进行实践活动的学生们配备专门的教学教师、设置教务组织等，以保障实践活动教师团队的专业性，也就是人员方面的支持。除此之外，最后两项也必不可少：一是要建立评定学生实践效果的考核制度，定期考试，公布成绩，利用考核制度进行监督。二是监督检查。职业院校机构为了保障教学计划顺利完成，达到预期效果，要定时对教学进度进行查看，纠错指正，定期监督检查保障是实践教学全程监控的重要监督力量。

（四）会计专业实践教学方案的实施

远程教育作为一种开放式的教学方法已经被越来越多的学生喜欢和接受，追随这种发展趋势，以此为基础设计出适合会计学专业的实践教学体系是开始新的教学方案的第一步。实践教学方案的完整实施，还需要很长的路要走。

遵循教学方案的整体结构，在进行实践教学步骤时需要按照大纲要求步步分解开来，一步一步依次进行学习。清晰了解实践学习包含的步骤和监督机制，在此基础上逐层分化进行小范围实验课，针对性实习，专业基地实战，最终重点聚集实操，完成毕业方案。全程完成细节包括以下几个方面：

学生在学习过程中要做到理论与实践相结合，两方面的学习时长应当相当，不应顾此失彼。这样更有利于学生在学习会计专业基本知识、基本技能的同时锻炼其对实际账目的分析、整理能力，为以后步骤学习奠定扎实的基础。这个学习过程同样需要教师的监督。教师们通过考核记录成绩、评价实践效果等措施提高学生的积极性。

实践教学不是一成不变的，无论是在学生实习期还是在实践基地学习过程中都可以灵活运用学习方式，设计加入符合学生单一培训的学习模式，通过小插曲式的针对性实操提高学生的主动性，增强其兴趣感。学生在企业实操实习过程中，学校需要关注并指导学生在其实习的企业财务业务上寻找自己擅长的、实用的毕业论文选题，以便在后期论文设计中将实习期所学学以致用。

会计专业学生通过深入企业具体财务岗位实践可以学习到实时的行业动态，也会在具体工作中自然而然地将校内所学的理论知识进行应用。实践和理论的双重融合培养了学生学以致用的能力，为实践教学的后期步骤打下基础。

为了使实践教学规划方案得到实施，在整个教学实践中必须充分重视对实践教学全程的监督和评价工作。学校为保证这一职能发挥充分作用，需要设立专门部门，组织各个职位人员对教学过程分段监督。实现有力监督的同时，学校也应该积极对教学效果及时评定。评定需要具体细化，如对学生出勤、实操、主动性、理论理解、实践应用、财务业务分析、报表编制等做出评定，达到督促目的。在评定学生各方面的同时，教师需要对学生体验、实验过程的问题做出引导，并结合新兴模式进行教学，适用当下学生乐于接受的教学方法灵活授课，多样授课，在注重教学效果的前提下保障学生的积极性。

第四章 大数据背景下会计教学实践的机遇与挑战

第一节 大数据背景下会计教学实践改革的新机遇

一、大数据背景下会计教学的改革创新

（一）创新教学理念

会计教学改革首先应进行教学观念的创新，只有对教学观念进行创新，才能带动教学模式的改变。从目前互联网的发展情况来看，大数据的出现改变了企业的经营发展方式，因此，现代企业中的会计人员需要具备有效地运用科技手段进行大数据的处理与分析，以及为企业提供经营决策依据的能力。但从目前高等院校会计专业的教学现状来看，会计专业的教学课程仍局限于记账、算账等财务核算的内容，缺乏对学生理财融合能力的培养，导致学生在走上工作岗位后只能做一些基础的财务核算工作。因此，为保证学生能够具备企业经营发展所需的会计管理能力，高等院校与教师应转变教育思维与教学模式，引入新的教学资源，丰富教学内容，培养复合型会计人才。

教学创新中最根本的一点是对教学理念的创新。会计专业的教师担负着授业解惑与引导学生积极学习的职责。教师需要具备最基本的创新意识，改变传统教学中以教材为中心、以教师为课堂主体的教学思路，只有具备创新意识，才能在具体教学过程中充分利用先进的教学工具，才能全心全意地研究新的教学方法，才能督促学校领导不断创新

教学评价制度，以此从上到下、从内到外形成一整套先进的、完整的教学理念。只有努力营造出有利于创新思维存在的环境，才能让学生在这样的环境中努力学习以汲取更多的知识，让他们在学习中不断提升创新意识与实践能力。

会计专业的学生在毕业后会走上企业的财务会计岗位，与企业的商业数据打交道，因此，为了培养学生运用会计学理论、方法进行数据收集、整合、分析与运用财务数据的能力，高等院校应设置有针对性的课程，如上市公司报表分析、大数据存储原理与大数据平台基础、商业财务报表分析、互联网金融概论等课程，并根据课程的普适性与重要性，合理地将其设置为必修课程或选修课程。为丰富学生的课程内容，拓展学生的思维，高等院校可以聘请其他相关院系的教师对会计专业的学生进行短期的授课教学，或是开设专家公开课，这样不仅能够丰富学生的知识体系，还能促进学校不同科系教师之间的互动与交流，为教师提供互相学习的平台。同时，这种方式还能加强学校各学科间的交叉融合，促进会计专业相关学科的建设与发展，有利于培养出专业性强、知识面广的创新型会计人才。

（二）完善云数据平台

从目前高等院校会计专业教育的发展趋势来看，建立会计云平台是发展的必然，利用云平台开发会计教育网络的应用程序，与云计算系统进行互联，可以实现教学资源的共享。

云数据平台主要由会计数据系统、会计模拟系统、移动终端系统与会计教学系统等几方面组成。会计数据系统中的数据来自会计教学过程中所产生的信息，也包括来自企业中的共享数据信息。在确保商业数据安全的前提下，将相关数据信息共享到教学数据库中，通过对数据的分析，发挥数据的教学作用。会计模拟系统中储存了很多有效数据信息，能够让学生在模拟的会计情境中进行实际操作的练习，提高学生的实践操作能力，为学生未来就业打下基础。移动终端系统可以让学生通过手机、平板电脑等移动设备，随时随地利用碎片化时间登录云平台进行学习。会计教学系统则由很多小的模块组成，教师在会计课程教学中，可以利用数据库中的数字化会计教学资源了解学生对会计知识的理解与掌握情况，进而调整会计教学模式。

（三）改革教学模式

会计专业主要是为社会培养大批应用型人才的专业，因此会计的教学目标也要与时代发展相一致。高等院校只有时刻保持对社会发展的关注，才能对教学目标进行逐步优化，才能依据社会所需对会计专业学生的学习内容进行细化，才能为社会培养出大批应用型人才。同时，在大数据时代，高等院校还要不断强化会计知识结构，因为随着时代的发展，会计课程的容量和难度将不断增加。当前，我国已步入网络信息化时代，充分运用先进的信息化技术为会计专业服务是形势所趋。

只有不断创新会计教学理念，不断优化会计专业教学目标，不断改变会计专业教学模式，才能让教师更好地引导学生充分利用大数据环境，对会计学科与会计工作形成正确认识。在此前提下，教师要不断激发学生的主观能动性与学习积极性，还要建立完善的学生竞争机制，培养学生的竞争意识。同时，要不断完善教学环境，营造和谐的课堂氛围，吸引学生加入轻松有趣的讨论中，不断激发学生的发散性思维，让其在讨论中潜移默化地提升自学能力与思辨能力。

会计专业是一门理论性很强的专业，教师在教学过程中应重视教学的有效性，改革教学方法，引入数字化教学资源。教师在进行教学设计时，可以将学校的教学资源与企业储存在云平台中的共享数据相结合，制作电子教学素材并储存在云数据平台内。在教学过程中，教师要依据教学内容随时调取教学资源，为学生提供最新的教学案例，提高课堂教学效果。

随着互联网的高速发展及大数据时代的到来，高等院校财务课程急需改革，以培养创新型财务人才来适应市场需求。缺少数据源、技术与财务“两张皮”、师资力量匮乏、缺乏合适的实践教学平台成为高等院校开设财务大数据课程的痛点。高等院校要依据大数据实践教学平台，依据产业数字化人才能力要求，基于社会对“大数据+财务”复合型人才培养的需求，打造大数据技术与财务分析、决策相融合的实践教学产品；用大数据分析平台、数据预处理工具、机器学习算法等核心内容，以场景化的教学模式呈现大数据技术的实战应用、数据预处理的过程，使用大数据技术对企业经营进行分析、洞察与预测，训练学生数据采集、数据清洗、数据挖掘、大数据分析与辅助经营决策的能力，培养学生的技术素养与专业素养。

在具体的教学活动中，教师可以运用云数据平台的网络教学资源，指导学生组建会计项目小组，然后分配任务给项目小组，让学生运用学到的知识，通过小组协作的方式查找网络资源。在这个过程中，教师与学生、学生与学生之间能够进行良好的互动交流，每一个学生都能参与到教学活动中来，这样不仅能培养学生未来就业所需要的团队协作精神，还能提高课堂教学效果。利用云数据平台，教师还能够随时掌握并监督学生的学习情况，学生也可以利用网络与教师及时地进行在线沟通，提高学习成绩。

（四）构建理论与实际一体化教学

传统的会计理论教材往往不注重理论与实践操作之间的联系，只强调知识的系统性和全面性，这在一定程度上使学生只能有效掌握相关的理论知识，但在运用理论知识时不能做到随机应变。针对这种教学现状，教师要根据学生综合发展的情况编写出理论与实际一体化的会计教材，在编写教材时务必要遵循与实际的会计工作岗位保持统一的原则，同时要将会计实训操作与不同阶段的教学目标与理论知识紧密联系，再根据会计理论知识开展实训项目。

一体化教学模式的顺利开展，需要一大批非常优秀的、兼具丰富教学经验与实践操作能力的双师型师资队伍。大部分的会计教师在传统教育模式下使用“填鸭式”的教学方法，是因为他们没有从事会计工作的经验。对于学生来说，传统教学方式下课堂的学习氛围不够浓厚，而且缺乏生机与活力，学生自然会觉得非常枯燥和单调，这样不仅会挫伤学生的积极性，也会使其失去学习会计知识的兴趣。理论与实际一体化的教育教学模式正是针对这种情况而产生的新型教学模式，它不仅要求教师具备过硬的专业素养，还要求其必须具备扎实的实践操作能力。

对我国目前的会计实验室教学设备与器材进行调查可以发现，很多学校的设备相对落后。即便某些院校已经安装了电算化软件，学生也只有在信息课中才可以使用。这些落后的教学设备不仅为会计教学带来了很大的困难，也给立体化教学模式的开展带来了很多阻碍。教师可以依据各个企业的会计岗位需要对已有的实验教室布局进行调整，同时为学生设置相应的工作台并进行合理分工。例如，设置销售工作台、记账工作台等，同时建设模拟银行以及模拟实验室。此外，教师在实践教学中，还可以让学生根据每个岗位的具体需求分别扮演不同的角色，从而让学生对不同的会计流程有深刻的体验并逐步了解会计工作的主要内容，不断加强实践能力，进而在学业结束后能够迅速融入工作环境中。

（五）构建良好的学习环境

优秀的管理会计人才越来越受到重视，因此，高等院校要基于主体责任，彻底转变以往对会计专业学生的培养思想，着重培养管理会计人才，从实际行动上为管理会计人才营造有利于学习的环境氛围，同时为其创造更多的实践机会。

在实际教学过程中，会计专业教师还要对大数据给社会企业带来的冲击进行主动了解，同时要不断结合政府新出台的政策归纳出会计人才发展的新要求，从而根据学生的实际情况制定出比较适合会计专业人才的长期发展规划。

二、大数据背景下会计教学改革的新挑战

（一）大数据时代会计教学改革面临的机遇

1.人才培养模式明晰

近些年，我国对高等院校的发展尤为重视，同时特别重视对应用型人才的培养。各省在国家政策的号召下，不断加大对各大高等院校的资金投入，不断扩招生源，不断扩大学校的总建筑面积。

会计专业是国家非常重视的专业，再加上地方财政的大力支持和教育经费的不断投入，使得会计专业的学生拥有相对稳定和谐的学习环境。高等院校近些年也比较重视为

学生提供实践机会，学生通过在校对专业基础知识的学习及对实践技能的进一步掌握，为以后步入社会找到合适的工作奠定了基础。

国内各高等院校自从开设会计专业以来，始终依据国家方针和教育政策，紧紧围绕服务地方经济社会发展的总体思路，并且遵循市场变化对教育教学提出了更多的质量要求。因此，很多高等院校会计专业不仅对人才培养方案进行了及时修改，还对整个课程体系进行了不断优化。经过近些年的专业建设，高等院校进一步明确了培养具有健全人格与良好职业道德的高素质技术技能型人才的教学方案，再加上某些院校“3+3”课程体系的构建与“岗证学一体”专业教学模式优势的不断凸显，会计专业吸纳了更多的优秀学生加入其中。很多高等院校不但拥有雄厚的师资力量，而且专业招生规模也呈现出稳步增长的趋势，学校制订的人才培养计划与教育部门的要求相符合，得到用人单位的一致好评。

根据相关调查，很多院校在课程体系构建过程中，积极引入了很多行业企业的技术标准，力求凸显出岗位性、实践性及职业性等特征，积极强化学生的自主学习能力，并对过程考核给予高度重视，因此会计专业教学成果有了显著提升。部分会计专业教师还成功构建了适合会计专业学生的学习情境，在教学过程中围绕学习情境组织教学，依据实际需求设计具体的学习任务，认真考核学生在每一情境中的学习情况，从而彻底实现了对考核方式的大力改革。

2.国家高度重视，政府大力支持

近些年，国家持续不断地加大对高等院校教学改革的支持力度。国务院曾提出，将大力发展职业教育，深化职业教育教学改革。教育部也出台了关于现代职业教育体系建设规划的方案，指出要不断加快现代职业教育教学改革的步伐，以此缓解企业用工荒的现状。在高等院校中，会计专业本来就是热门专业，在国家大形势的影响下，高等院校更要不断加强对会计专业的教育改革。可以说，这些战略性的决策与发展规划不仅为会计专业教育的发展指明了道路，也为会计专业学生的长远发展提供了难得的机遇和广阔的空间。

财政部发布的《会计行业中长期人才发展规划（2010—2020年）》指出，会计专业不仅要继续为社会培养高尖端的会计人才，还要着眼于我国整个经济发展情况，为社会输出更多不同层次的会计人才。伴随高等教育的大力改革，我国初、中、高级会计人才比例也在发生相应的变化。同时，我国很多省、市广泛参与产业合作与分工，对经济圈区域发展优势进行充分利用，力图打造更多的经济圈中心城市，从而促进整个地区经济发展质量的有力提升。经济发展质量的提升自然有利于生态旅游、现代物流以及文化等产业的飞速发展，而这些产业主要以服务业为主，因此需要妥善地经营管理。随着企业信息化程度的不断加深，自然需要更多的财务人员。加上快速发展的地方经济与不断转变的经济发展方式，让社会更加需要能够熟练操作会计软件、熟悉经营且拥有扎实核算技能的会计专业人才。这些为高等院校会计专业的学生提供了更多的就业机会与就业空间。此外，很多拥有本科及以上学历的会计专业学生，毕业后往往会选择比较发达的大中城市和事业单位就职，这种选择倾向致使很多中小微企业非常缺乏高素质的会计核算人员，由此也为会计专业学生提供了更多的就业渠道。

3.各行各业对大数据的需求趋势明显

社会上的每个人不仅是数据的接收者，也是数据的生产者。一方面，我们下载、阅读、浏览信息的过程是在消费数据；另一方面，我们上传、撰写信息的过程，实际上又是在生产数据。数据已经渗透到我们日常生活的方方面面。大数据已经影响到经济、体育、艺术等领域，在其他领域中也有非常多的应用。例如，农业领域有蔬菜革命、精准扶贫，这些都是利用大数据的例子；在医疗健康领域，医院内和医院外、得病和未得病的人之间的关联也可以应用大数据来进行分析；文学领域通过大数据技术可以对一些作品的内容、作者、背景之间的关系进行分析。

当人工智能遇到大数据的时候，现在井喷式的科学发展才变成了可能。人工智能已经发展许多年了，但是为什么在近些年才得到快速发展？其实人工智能技术和这几个关键词有关——学习、训练、推理、演化、智能、智慧。也就是说，人工智能技术是融合了这些关键词的一类技术。特别重要的一点是，人工智能技术要根据大量的数据来进行学习和预测，即从数据中学习，建立模型，并用于预测未来。人工智能算法需要非常强的计算能力，只有在大数据时代，有了云计算平台、数据传输、数据的流通、数据的管理、5G技术等，才能为进一步应用大数据创造条件，为人工智能的发展提供良好的环境。我们身边其实已经有很多人工智能产品了，如工业机器人、财务机器人、作业机器人、下棋机器人，能作诗、作画、作曲的机器人等，这些机器人可以做很多我们过去认为不可能的事情。

（二）大数据时代会计教学改革面临的挑战

1.对“互联网+教育”认识不够

现阶段，虽然很多高等院校对“互联网+教育”给予了高度重视，但是仔细分析不难发现，这些学校对互联网的理解基本上停留在表面，因此所做的相应工作也有一定局限性。例如，某些职业院校为了逐步提升学生对互联网技术的重视，开展了在线开放课程建设，然而这些职业院校只是在原来的课程体系的基础上对这些课程进行建设，也就是所谓的重复建设。这些情况说明，某些高等院校根本没有深刻体会到互联网对会计专业学习的重要性。其实，会计专业完全可以借助新的会计软件，将相关会计工作转移到具体的会计分析与会计管理中。

基于此，当前高等院校应该重视的是如何重新构建会计课程体系，尤其要重视如何提升学生对计算机的实际应用能力，以及如何提升学生运用网络技术的能力。同时，教师要引导会计专业的学生不断提升自身所具备的会计软件操作能力和维护能力，让学生在学习中不断提高财务分析能力和财务决策能力。

在大数据时代，会计专业教师不能将注意力仅仅放在对几门课程的在线建设上，还应放在如何利用互联网加强校企之间的交流合作，如何利用互联网整合现有的教育资源上，以此使学校所培养的人才更加符合社会的实际需求。

简而言之，大数据时代，高等院校会计专业面临着前所未有的挑战，这些挑战必然会引起高等院校的整体改革。例如，合理调整院系结构，建立更加完善的综合性学科体系，变革学分制教学体系，构建全新的课程体系，等等。传统的会计学衡量企业的状况通过三张报表——资产负债表、现金流量表、利润表，这三张报表反映了一个企业的运营能力、偿债能力和盈利能力。虽然这三张报表是非常基础和非常重要的，但是对于一些长期负债的企业，如果只用这三张报表来衡量，似乎不能完全反映企业的真实经营情况。也就是说，传统会计学的三张报表可能就不够用了。因此，人们在呼唤第四张报表的出现，业界和学界都在对此做研究。长周期、高负债、高不确定性企业的价值可能受到的是口碑、忠诚度、品牌、公允价值，包括无形资产等的影响，我们可以称之为数据资产。

2.专业会计教师应对能力不足

大数据时代对会计专业教师提出了更高的要求。当前互联网的大力普及不仅推动了教育方法的不断改进，还加速了教育模式的不断创新，所以必定对会计专业产生举足轻重的影响，而这些影响使教师不得不以正确的姿态积极应对。很多学校的会计教学内容不能与时俱进，一直保持不变，再加上某些会计专业教师不具备较强的计算机专业能力和熟练的网络知识运用能力，因此不能在大数据时代充分发挥自身优势，也根本不能应对大数据时代所带来的巨大挑战。

同时，大数据时代需要更多专业的会计人才，而当下，社会正面临着严重的人才缺失。究其原因，与高等院校会计人才培养策略存在严重的缺陷息息相关。其实，不论是会计还是审计，在大数据时代都要面临更多更艰巨的挑战。面对这些挑战，如果相关的高等院校不能完全担负起培养人才的责任，会计专业的学生就不能充分适应社会的需求。因此，高等院校在培养学生时，不能仅要求学生掌握扎实的理论知识和实践技能，还要不断提升学生的整体素质，积极应对课程改革。

具体而言，学校所设置的专业课程必须要支撑企业专业人才的培养目标，因为学校所培养的人才最终要与社会接轨，人才需要用所学的知识胜任相关工作，还要在工作过程中展现出专业的工作技能。通过对近几年一些知名的招聘网站所需的会计相关职位进行统计分析可以发现，有近 90%的单位招聘会计人员的上岗要求是能应付日常的核算，同时有近半数的企业要求会计从业人员能对相关数据进行正确分析与处理，而这些基本技能的教学正是很多相关的高等院校在具体教学过程中所缺失的。

此外，某些院校的教师认为教学工作只是将自己所负责的课程内容传递给学生而已，根本不在乎学生是否真正扎实地掌握了相关的专业知识。再加上某些学校课程设置得并不合理，甚至某些教师也不够专业，致使很多会计专业的学生不能拥有较高的专业水平，整个会计从业人员队伍良莠不齐，不能满足社会所需。

3.会计数据分析技术不完善

就当前而言，社会上很多公司已经充分意识到在开展业务时数据的重要性。虽然会计数据能够为人们提供很多信息，但是经过研究发现，这些信息在所有有用信息中所占的比例还不足10%。

在大数据时代，数据量出现了前所未有的骤增，并且非结构化数据所占的比例迅猛增加，如办公文档及音频等相关信息为非结构化数据。在实际应用中，我们可以通过数据挖掘算法对传统的结构化信息进行分析，但是这种算法对半结构化或者非结构化数据并不适用，会计人员只有将这些数据转化为结构化数据之后才能对其进行深度挖掘与仔细分析。会计专业教师还要提醒学生不能忽视对数据中关键信息的处理，注意将非结构化数据转换为结构化数据时要确保数据的准确性。

第二节 大数据时代对会计教学改革的挑战

一、大数据时代对传统会计行业的挑战

在互联网的影响下，会计的内涵与本质都发生了很大的改变，也产生了一定的延伸，但也迎来了很多新的挑战，出现了一些前所未有的问题。

（一）传统会计思维对会计从业者的挑战

在步入大数据时代以前，会计从业者长期处于惯性思维中，虽然对数字的变化十分敏感，但是在逻辑思维方面还有所欠缺。在大数据时代，会计信息的传输都是通过互联网得以实现的。换句话说，就是会计信息的传输已实现自动化，不但使会计从业者的工作负担有所减轻，还提高了会计工作的效率。对会计从业者来说，这种改变是思维方式上的改变，但思维方式具有顽固性，很难发生改变，这就对会计从业者造成了挑战。网络技术的不断发展和日渐完善加快了会计信息化的进程，如果会计从业者不改变自己的传统会计思维，将很有可能被行业所淘汰。

（二）会计从业人才方面的挑战

在大数据时代来临以前，会计从业者的工作只是对账务进行入账和核算、审查等，工作内容比较单一，和其他业务方面很少有关联，因此对工作的能力要求并不高。但是随着互联网的高速发展，会计工作的环境发生了改变，工作的内容和形式都产生了变化，不再是单一地对账务进行处理，而很多工作都需要在网络环境下完成，和互联网的关系密不可分。这就对会计从业者的能力方面造成了挑战，需要会计从业者不断学习和会计

有关的网络知识，提高相关的处理能力，只有这样才能保证企业运作的效率。

同时，大数据时代催生了订单式经济的发展，一系列无库存产业兴起。相对于过去，会计从业者在会计知识学习方面发生了改变，不但要对会计专业知识熟练掌握，还需要了解和企业有关的产业知识。在当前，有一些和知识产权及商业信誉等相关的无形资产方面的经济纠纷众多，这就使得会计从业者不得不面对和法律相关的挑战，以及在创新能力上的挑战。

（三）会计信息资料安全性受到挑战

相对于之前的会计信息资料的安全性来说，在大数据时代，会计信息数据大多存留在互联网上，数据的表现形式以电子符号为主，通过硬盘将数据进行记载，不再像过去一样，记录在纸张上面。但是互联网具有资源共享的功能，而且其拥有无限的延展性，这样就很容易使企业的会计信息资料的安全性受到挑战，遭受威胁。具体而言，网络资源具有共享性，会计信息在储存和传输的环节中都极有可能遭到非法攻击或者恶意修改及信息盗取，不但会破坏原有的会计信息，使原有的信息失去作用，还有可能因为会计信息被企业的竞争对手了解和掌握，造成企业不可弥补的损失。此外，在大数据时代，原始凭证信息有可能被伪造。在会计工作中，原始凭证是信息来源的根本，对以后的会计信息尤为重要。但是进入网络时代后，会计进行入账工作时，原始凭证很有可能被有关人员修改，而且修改的痕迹无迹可寻，这种会计凭证的伪造，使得整体会计过程失效，不再具有任何价值。

（四）相关的会计法规滞后带来的挑战

在大数据时代，会计的工作方式呈现多样化，但是和会计相关的法律法规却不完善，这就使得对会计系统的监管变得不易。随着互联网的飞速发展，市场上涌现出了大量的会计信息处理软件，其中不乏盗版制品，这些盗版制品有可能会对公司的财务管理造成很大的负面影响，使得会计信息的安全性与真实性难以得到确保。此外，互联网的发展和普及，促成了很多电子商务企业的产生，我国的法律法规在这方面还不太健全，很难对这些企业进行全面监管。由于网络会计方面的法律法规不够完善，会计管理质量不高，同时监管不足，所以网络会计存在一定的风险，会计系统的安全性无法维护。

（五）会计面临国际化发展的挑战

随着互联网的逐渐普及和电子商务的不断发展，人与人、企业与企业之间的联系更为密切，不再受时间和空间的限制。随着全球经济一体化的进展，电子商务的发展范围更加宽泛，公众可以通过互联网和千里之外的客户形成业务往来，所用的时间极短，成交额巨大。可以说，全球一体化正日渐形成。这也意味着企业之间的竞争已波及全球范围，竞争程度更加激烈。

企业若想得到长足发展，就必须不断加强自身的竞争力，其中在会计方面必须对国外通行的会计核算办法、会计制度和财务报告的相关制度加以了解并熟悉，找出符合当前我国国情、适合自己并且在国际上通用的会计制度和会计程序，以应对国际化发展对会计的挑战。

二、大数据时代对会计教学的挑战

（一）面临格局重构和生态重塑的严峻挑战

大数据时代打破了传统高等教育的市场壁垒，使高等教育资源的跨国界流动和高等教育市场的跨国际拓展成为可能。以 MOOC 为代表的在线开放课程不仅代表了一种新的教学模式，更将催生新的教育生态，由此引发高等教育市场格局的重构和教育生态的重塑。国外优质教学资源的输入，带来的不仅是国内高校的生存压力，也将引发对国家文化安全的威胁。虽然科学无国界，但其传播中不可避免含有西方资本主义价值观和意识形态的渗透。当今世界，文化软实力已成为国际竞争的重要组成部分，外来文化渗透不仅威胁国家的文化安全，也会影响国家的文化软实力。

因此，站在全球战略高度审视高等教育的变革是具有必要性的。高校学生是社会的精英、祖国的未来，如果我们不能打造自己的优质教育资源，去占领教育阵地，去吸引广大青年学生，而让他们为外国教育资源所影响和渗透，后果将不堪设想。

（二）面临教学模式冲击及教育理念更新的挑战

现有的高等教育教学方式仍然是以固定课堂为主，而MOOC、翻转课堂等的兴起，打破了原有的教学方式，将固定教学转化成了以互联网为载体的新型教育模式。课堂主角从教师变为学生，学生自主学习，学习地点也不再局限于教室。随着移动学习终端的迅速发展，在线学习成为日常生活中必不可少的内容。如果冲破学历制度上的政策壁垒和社会用人制度，互联网必将冲击职业院校的传统教学方式。职业院校的教育理念是以培养知识型人才为主，而职业院校的学生大多是被动接受学校的安排，以顺利毕业并找到工作为目标。因此，职业院校的教育理念必然要重塑，否则，会在越来越激烈的竞争中被淘汰。

（三）教师面临角色转变和信息应用能力的新挑战

职业院校教师要适应互联网教育模式下自身角色的转变，即从信息的展示者向辅导者、解惑者转变。翻转课堂的模式下，教师先录制好视频，学生课下根据实际情况观看视频，自主学习，课上教师按照学生的问题提供专业的反馈，课堂的主角从教师变成了学生。

互联网教育模式下的高等教育对教师提出了更高的要求，要加速适应新型教学模式，掌握过硬的信息技术教育能力，提升信息技术教学技能。这在一定程度上冲击了教师传统的教学理念，尤其是中西部地区的部分教师。虽然国家提倡教育公平，鼓励中西部地区的教育发展并提供了信息化设备，但仍有很多教师故步自封，采用传统的教学方法，没有实质性的改变与进步。因此，职业院校教师要转变观念，加速适应以互联网为平台的新型教育模式。

（四）学生面临更高的新挑战

在互联网覆盖的今天，学习资源具有开放性和丰富性，但良莠不齐，学生要学会在资源中筛选有效信息并理解和消化，真正掌握知识。互联网教育模式下，学生可以自由选择学习时间及内容，但这些知识可能呈现无序性、重复性，因此要有效利用零碎时间将分散的知识点系统化，构筑知识网，过滤无用信息，掌握核心知识。网络的开放性必然会导致出现更多与学习无关的内容来干扰学生的注意力，从而起到反作用，降低学习效率。因此互联网模式下，对学生的学习能力、自觉性等提出了更高的要求。

三、大数据时代会计教学改革的可行性

如今高新科学技术对经济发展产生的影响越来越大，科技成果转化为生产力的周期也一直在变短，知识更新正在进一步加快。高质量的科技成果以及它向生产力转化的程度也越来越依赖于不同学科、不同领域的相互交叉和融合。经济的全球化已经形成气候，以计算机技术为代表的信息技术已经渗透于会计教学和实务的各个方面，所以我国会计教学的信息化和国际化是必然要求。于玉林教授就将 21 世纪会计教育指导思想的内涵形象化为应当实施以专业教育、道德教育、外语教育、计算机教育、信息教育和创造性教育六大体系为主体的基本原则。

（一）信息化建设为会计教学改革奠定了基础

在会计教育的信息化方面，除了在实验教学里对于实验信息平台在远程教学和模拟实习平台上的应用，目前国外已经开始普及使用可扩展商业报告语言作为财务报告的主要形式，我国有必要将这一革命性的最新应用扩展到会计教学和科研的各个方面。可扩展商业报告语言，是以统一的计算机语言形式和财务信息分类标准为基础的，它使财务信息可以跨平台、跨语言，甚至跨会计准则，进行即时的、计算机自动化的上报、搜集和分析的一项信息技术。我国的会计信息化教育，可以以此为着重点，抓住当前的机遇，

满足时代的要求。

（二）国际化为会计教学改革提供了方向

大数据时代，信息沟通顺畅，经济更加趋于多元化和全球化，所以要不断发展会计教育的国际化。在会计教育的国际化方面，除了教育形式和培养目标的国际化（英、美目前中低级层次的复合型人才和高级层次的专业性人才趋势），目前国际化的关键点在双语教学方面。会计的双语教学主要包括教材的国际化、授课和考试主要使用英文、师资的国际化三部分，这三大方面也是我国目前主要面临的三大问题。在英文原版教材的选取上，很多职业院校存在版本过旧的问题，未能及时根据国际变动而更新。在授课方式上，没有完全将外语形式的专业教育与外语语言教育区分开来。最后，师资方面过于依赖有限的本校双语教师，而未能发挥外教作用，其实适当以外聘或同国外大学合作的形式引进国外会计专业教师进行授课，可能会达到更好的效果。

（三）专业化和实用性为会计教学改革提供了途径

随着社会竞争的逐渐加强，高等学校的本科生在就业方面与研究生或更高级别的研究者相比，在理论知识的掌握上并不具有优势，而职业院校对学生的培养方向上也更倾向于对学生专业技术能力的培养，学生能够具备较高的实践能力，依靠娴熟的业务素质来达到胜任工作岗位的目的。从这个角度来看，无论是社会发展的大方向还是用人单位的实际要求，都对会计专业的学生在专业性方面提出了越来越高的要求。为了满足社会对会计专业的用人需要，会计专业在发展的过程中也就自然出现了专业性发展趋势逐渐加强的特征。

高等院校对学生的培养方向是针对某一社会岗位和用人单位的需求而定的，这也就是为什么职业院校在教育教学过程中都会尽最大可能为学生提供实践和模拟的机会。毕竟纸上谈兵式的会计教学是没有太多意义和价值的。从现实条件来看，通常来说用人单位也并不愿意利用大量的人力和物力去为会计专业的学生本应在高等院校获得的能力买单。因此，从高等院校的发展方向，尤其是职业院校会计专业的发展方向上来看，会计专业的教育教学越来越具有实用性倾向。

（四）合理性发展为会计教学改革确立了目标

高等院校在对会计专业的学生进行培养的过程中，也开始意识到对学生综合性能力培养的重要性。对于会计这一特殊职业来说，仅仅对会计专业的学生进行理论知识培养、实务操作能力培养是远远不够的，对会计专业的学生进行会计法规、经济法规、职业道德、终身教育意识等内容的培养也是不可或缺的。因此可以说，现阶段对高等会计专业学生的培养，其综合性也正在不断加强。

第三节 大数据背景下会计教学改革的新出路

一、大数据背景下会计教学改革的影响因素

（一）大数据时代会计专业课程体系设置的影响

近年来，互联网的概念越来越被人们理解和接受，其对各行各业都产生了巨大的影响，会计行业也不可避免地受到网络信息化的影响，不断得到发展。但是由于我国会计行业自身就存在着一些问题和不足，在互联网的背景下出现了很多新的挑战，挑战与机遇并存，这就需要会计从业人员不断地学习新知识，改变观念，提高自己的整体素质，更好地适应大数据时代会计行业的发展。

通过对我国会计学专业课程体系现状研究的文献进行检索和分析，以及通过对各个会计学专业培养方案及其课程体系和课程设置进行查阅和统计，我们至少能发现以下三个问题：

1.缺乏专门的会计课程体系研究

专门研究会计学课程体系的文献非常少，涉及该问题的研究也多是在专业培养模式、学科建设或质量工程建设等问题的研究之中，顺带研究课程体系的问题，这说明大多数相关领导、教育学者及教师并不太重视课程体系的专门研究。可能的原因，一是前面提到的，领导不熟悉具体教学课程体系而多关注培养目标、模式等导向性问题；教师关注具体的课程教学研究，不关注整个课程体系的研究。二是相关研究者大多认为课程体系是和培养目标、培养模式有着密切联系的问题，从属于上述问题，并且课程体系是培养模式的直接实现方案——专业培养方案（或计划）的重要组成部分，不宜或不必要单独研究。

其实这个认识是有偏差的。首先，课程体系是实现培养目标、贯彻培养模式导向的具体实施体系，它不是简单地从形式上去迎合培养目标，也不仅仅是按培养模式及课程设置模块去随意把各类课程拼凑在一起。课程体系应该是一个培养目标贯穿始终，在培养模式的导向和模式化要求下，把各类课程联系在一起，形成一个前后衔接，基础课和专业课相互融合、理论课和实践课相互融合、必修课和选修课相互配合、课内学分要求和课外实践活动学分要求相互支持的一个有机体系，所以说一个好的课程体系是有生命力的体系。其次，课程体系一般随着培养方案的修订会进行相应的修订。社会环境在变，学生在变，最重要的是会计学的专业环境在不断变化，并且知识更新的速度越来越快，如果课程体系的具体内容及其实施期间完全不变，其实是违反教学规律的。最后，课程体系并不仅是一个实现培养目标、履行培养模式的机器，还应该是一个“有呼吸”的有机体，在大方向和主要核心内容不改变的情况下，在一个修订周期内应该根据环境变化的要求，出陈纳新，以适应形势的变化而培养更符合社会需要的会计人才。

所以，在现在这种除了几所著名职业院校在课程体系建设上有自己独特和适合本校发展的体系外，其他职业院校基本都还在摸索，而且对课程体系普遍共性问题的研究也缺乏的情况下，对课程体系进行独立研究不是不必要或不适宜，而是非常必要和非常急迫的。即应使课程体系研究成为大家广泛认可的一个独立研究方向，其研究不仅是必要的，而且是非常重要的。

2.课程体系的优劣缺乏评价标准

课程体系研究作为一项重要的内容，已经形成了几种典型的体系，各个职业院校在建设课程体系上也根据自己的特点和条件做了很多努力，都形成了自己的风格，并且在培养合格会计人才上取得了不少有价值的经验，也或多或少取得了应有的效果。但也应该看到，这种特点和风格更多是表现在形式上和某些功能上，课程体系的实施效果或好或不好，缺乏一个合理的评价标准和机制，更缺少调研分析及实证检验的过程，做得好或不好，大部分评价基本靠感觉或几个大家认同的指标，如课程模块的结构形式是否合理，课程配置、衔接形式是否合理，具体课程的教学效果、就业率是否良好等。在课程体系的知识整体作用、各类课程相互支持和融合、理论实践课程融合方面，这些需要通过课程体系的实施重点关注的基础问题，倒是没有多少研究。只有专门开展课程体系研究，才能解决这些关键问题，使课程体系真正成为实现培养目标和完成培养模式的重要工具。

3.课程体系的研究流于形式

仅有的一些专门进行课程体系研究的成果，大多也是就事论事，关注于课程体系中课程模块的比重问题、实践课程模块的比例是否合理、专门对理论体系模块研究或专门关注实践课程体系结构，很少能意识到课程模块及其比例构成只是课程体系的形式，而课程模块之间的有机联系，以及课程体系实施后对学生知识结构及能力结构的影响才是课程体系研究的本质和关键问题。

（二）会计专业教材建设的影响

会计专业人才培养目标具有多元化和动态性的特点，社会对专业人才的综合素质的要求不断提高，教育教学改革的实施对专业教材的标准也在日益提升。因此，教材的建设要能满足会计专业人才培养目标，但我国现阶段会计专业教材建设还略显不足。所以，在大数据时代，会计教材也要进一步创新。

1.运用多媒体教学，修改、整合会计专业课程

会计教学中的每一学科都自成体系，分得非常清楚，并由不同的教师分别授课。学生把每一学科学好都不容易，就更不能奢望将这些学科融会贯通，形成一个体系了。多媒体技术具有表现力丰富的特点。教学中常遇到仅用语言和板书分析难以揭示本质的情况，而运用课件加实例讲解，这个问题就迎刃而解了。

传统的课堂教学要讲授完基础会计、财务会计、成本会计、审计学、管理会计、财务管理等科目大约需要500学时，还不能使学生学懂弄通，更没有办法让学生将这些知识有机结合起来。利用多媒体制作课件进行教学，采用精讲加实践的办法，用300学时，学生就能够掌握怎样对企业发生的经济业务进行账务处理，怎样处理得到的会计信息是真实的，怎样进行会计处理得到的会计信息是虚假的；什么是成本计算，怎样进行成本计算；审计什么，审计的目的是什么，怎样审计；财务管理要管理什么，怎样进行管理等。通过课件演示和实际动手操作，学生就能够将会计专业知识有机地联系起来，形成一个整体，达到事半功倍的效果。

2.利用课件制作，给学生提供“仿真”环境

运用多媒体制作课件时，尽量将一个企业的全貌展现给学生，给学生提供“仿真”的学习环境。要让学生了解资金是怎样进入企业的，怎样在企业内部循环和周转，尤其是产品是怎样被制造完成的，企业由哪些部门组成，会计部门的具体作用是什么，会计主体之外的其他企业、银行、税务等与企业有什么关系。让学生找到做会计的感觉，这样就会使学生马上进入角色，顿时精神抖擞，激发出浓厚的学习兴趣。

3.加强专业教师培养，使其适应课件加实践的教学模式

将会计学专业的全部专业课用课件去教学并取得良好的教学效果，并不是一件易事。首先，这要求教师有过硬的专业理论知识和实践能力，将教材有机地整合，使专业知识系统化，并能用课件的形式体现出来，这需要下大力气加强对专业教师的系统培养。其次，要求全部专业教师有机地配合，在理论和实践方面以老带新，在多媒体运用上以新帮老，集体教研、集体备课，发挥全体教师的智慧，并进行合理的分工，最终共同完

成一个教学目标。最后，专业教师必须了解授课对象，并给学生制订明确的计划（如哪学期考会计从业人员上岗证，哪学期考助理会计师，哪学期考会计师），配合班主任最大限度地调动学生的积极性、主动性，使之与教师共同完成教学目标。

（三）综合实践能力培养中存在的影响

1.实践教学的内容和范围狭窄，实践教学方式与内容脱离实际

目前职业院校开设的实践课程大多是基础会计、中级财务会计、成本会计等，而涉及财务管理、审计、税收等课程的实习项目很少。即便是针对操作层面，也多以虚拟的企业为主，其涵盖面及难度远低于现实企业，所以学生在校期间掌握会计的学科理论是重点，但获得丰富的操作经验或职业判断能力几乎是盲点。

目前职业院校会计实践教学仍以模拟为主，大致可分为单项模拟和综合模拟，单项模拟主要是在相关课程如基础会计、财务会计、成本会计学完之后进行模拟实训；综合模拟一般是在学生毕业前根据企业一个生产经营周期的基本业务以及以前期的有关资料为基础，模拟企业会计实务处理的教学形式。近年来，随着会计新准则的颁布实施、现代信息技术在会计中的应用，会计实践内容也在不断发展变化，但由于渠道不畅、政策不力等多方面的原因，实践教学内容总是滞后于社会实践。

2.会计实训项目单一，实践内容缺乏全面性

财会专业的实践教学是理论与实践相结合的重要环节。由于当前财会专业招生人数较多、实习经费短缺、固定的校外实习基地太少等，财会专业的实践教学环节往往得不到保证，学生的实践能力在学校内得不到锻炼与提高；而校外的大部分企业出于对商业机密的安全性，财会工作的阶段性、时间性，接纳学生实习能力的有限性等因素考虑，不愿意让实习生更多接触生产、经营和管理事务，即便是给学生安排工作，也只是一些辅助工作，因而学生的实际操作能力得不到锻炼，实习收效不大。因此，上述因素致使财会学生实践技能欠缺，工作适应期长，经常发生用人单位不满意的情况。财会实训大多只能在财会模拟实验室完成，职业院校财会专业的学生不仅体会不到财会部门与其他

业务部门的联系，也体会不到财会工作的协作性，无法真正提高实践能力。

3.实践过程缺乏仿真性，实践环节缺乏技能性

财会模拟实验的层次较低。目前的财会模拟实验仅能完成凭证填制、账簿登记、成本计算、报表编制的过程，而且缺乏复杂业务和对不确定环境的判断。这样就只能培养学生一定程度的账务处理能力，但在培养学生分析和解决实际问题的能力方面明显不足。

距通过仿真财会实训达到“上岗即能工作”的培养目标还有一定的距离。原因是仿真财会实训难以创设不同企业实际财会业务流程与企业经营管理相结合的工作情境。而且工商、税务登记业务的办理，纳税申报与筹划，银行存贷款业务和结算业务的办理，特别是与相关部门的业务往来及协调配合等会计接口协调处理，以及不同企业会计政策、会计处理方法、内部控制制度的选用等财会实践操作能力，难以在仿真财会实训中实现。

就财会学专业教学而言，虽然很多职业院校建立了财会手工实验室，进行“会计凭证—会计账簿—财务报表”全方位的仿真模拟，但实验在一定程度上受规模小、时间短的限制。随着我国经济的改革与发展，社会对财会专业人才的要求越来越高，学生也不断走入社会，信息反馈逐步增加，社会需求逐渐明确。对用人单位领导的调查表明，用人单位认为财会毕业生最应具备的素质和技能是日常财会操作；对财会在职人员的调查发现，目前本科毕业生最欠缺的是业务操作能力。

财会是一门对职业判断能力要求很高的学科，要求从业人员具备对不确定事项有判断和财会估计的能力。而在财会实验中，会计政策与方法是既定的，即方法是唯一的，答案是确定的，最终要求所有学生得到一致的报表数据，并不注重财会职业判断能力的培养。

实践教学所引用的资料大多是虚拟的或打印的黑白样式，尤其是原始凭证，财会专业学生很难得到填制真实凭证的机会，因此他们对部分凭证的填制较为生疏，对财会工作岗位的适应性不强。据调查，每年财经类毕业生到企事业单位从事财会工作占有很大

的比例。因此，大批学生亟待解决的是实践能力问题，而不是理论知识问题，通俗点说就是到了企事业单位后如何以最快的速度、最短的时间适应具体的财务及会计工作。虽然市场需要很大一部分财会专业毕业生从事财会实际工作，但目前，我们的课程设置、教学内容和教学方法无法适应这一要求。为了使学生一毕业就能胜任实际工作，缩短理论与实际的距离，在学生学习期间注意培养其实践能力是完全必要的。财会实验教学能够使毕业生走上工作岗位后很快适应各行业财会工作的需要，满足用人单位的要求，这是因为财会模拟实验教学的内容，就是企事业单位具有代表性的经济业务。财会岗位设置不够明确，不利于他们熟练掌握各个岗位的业务内容，也不利于强化他们对整个会计核算组织程序的理解。在财会实践教学中往往忽视了一些基本技能的训练，如点钞、装订凭证、装订账簿等，因此学生毕业后并不能立即走上岗位、胜任工作，形成了“高等教育供给”与“市场需求”相背离的就业状况。

4.基本采用“封闭型”“报账型”实验教学模式

把学生关在各自的实验室里按实验教程要求的资料、方法和步骤进行分岗协作或个人独立完成实验，验证性地观察、记录实验过程和结果。实验后要求学生对实验结果进行综合分析并写出实验报告。通过实验使学生对实验过程获得一些感性认识或理性经验，着重于帮助学生深化对理论课程的理解。实验对学生的要求不高，学生开始都有一种新鲜感和积极性，但一段时间后，由于实验资料单一，实验方式单调，要求和层次也只停留于能够正确地填制凭证、登记账簿、计算成本和编制会计报表等基本技能的训练上，且实验内容千篇一律，在很大程度上限制了学生能力的培养和发挥。

5.缺乏具有较强实践能力和丰富工作经验的师资力量

大部分职业院校缺乏专门的财会实践教学教师队伍，专业教师既担负财会理论教学任务，又担负财会实践教学任务。由于财会专业教师大部分直接来自高校毕业生，没有参加过会计工作的实践，教学内容仅局限于教材知识，无法结合会计工作的实际案例来生动地讲授，因此学生的动手能力不强，在实习、实训中只能靠自己的知识和能力来想象。另外，由于各种原因，很多职业院校也没有把教师参加社会实践纳入教学管理计划或形成制度，在时间上、组织上和经费上都没有相应的安排和保证，不可避免地出现教师脱离实践的现象。由于教师缺乏操作真实经济活动的经历，在实践教学上缺少举一反三、灵活应用、列举实例的能力，对会计适应社会经济发展，特别是现代信息技术对会计领域的深刻影响把握不够，从而严重影响实践教学质量。

6.强调培养学生的会计核算能力，忽视培养其管理能力

目前的财会实践教学主要强调对学生会计核算能力的培养，例如实践教学的主要形式——会计模拟实验，它是将账务处理作为教学重点，着力培养学生对会计信息的处理、反应能力。但随着市场经济的发展，企业间的竞争日益激烈，企业对财会工作的要求也发生了变化，财会工作对于企业管理者和企业会计信息使用者来说，其决策、支持等管理方面的职能越来越重要。如果现今的实践教学环节依然停留在核算型账务处理方面，即使学生在学校中很好地完成了财会课程的实践学习，其实际能力还是远远不能满足社会的需求。因此，现阶段这种单一层次的财会实践教学在人才培养中并没有起到应有的作用。

二、大数据时代对会计教学改革的机遇

（一）大数据时代高等教育发展的机遇

传统高等教育最大的特点是以教师为中心的灌输式学习，学生所获得的知识仅限于教材；学习模式和教学要求均在课堂上执行。这种模式受时间及空间的影响较大，已无法满足学生对知识的渴求及探索。互联网的出现，催生了新的教育模式，即“互联网+高等教育”的教育模式，给高等教育带来了新的机遇。

1.搭建优质教学平台，催生海量教学资源

网络平台的开放性使得只要接入互联网，海量的优质教学资源、国内外名校的公开课程或各地专家的研究成果，都以开放的形式向广大受教育者敞开。他们不再依赖固定

的教学方式，不再局限于课堂资源，可以充分利用互联网平台，根据个人兴趣，选择学习内容，分享学习经验，促进相互之间更好地学习。

互联网模式下，学生不仅可以学习到国内各大院校的名师课程，还能学到国外许多著名大学的课程。网络平台使学生可以足不出户，自由安排时间学习国内外优质课程，享受海量在线资源。

2.降低教学资源的生产和使用成本

一方面，生产成本降低。制作课程时获取素材更加低廉、便捷，在线课程开发制作后，可重复利用，其使用、传播的边际成本将无限降低。并且随着课程参与人数的增加，长期平均成本将随着选课人数的增多而降低。另一方面，使用成本降低。学生根据自己的实际情况，选择适合的免费课程和付费课程，可供学生不限时地学习，降低了学生的使用成本。

3.拓展新型学习模式，提高学习效率

传统模式下，学生遇到学习难题，需要花费大量的时间和精力查阅资料、书籍，既费时又费力。而在大数据时代下，学习知识、共享资源的速度更快。学生遇到学习难题可以求助在线专家及教授，或者与其他人共同讨论研究来解决问题。

传统课堂上，学生在同一时间、同一地点，听同一教师讲解相同的内容，然而每个人的学习效率不同，对同一知识点的掌握进度不同，在这种学习环境下，被迫跟随教师的节奏，很难扩展自己的思维。大数据时代下，学生可以自由掌握学习时间和内容，可以把课堂上的一节课分为多个零散点，在零散时间自由学习，也可以暂停在不懂的地方记录并思考。使学习成为人人可学、处处可学和时时可学的活动，大幅激发学生的学习兴趣。

在大数据时代下，学生不断融入各类新的学习模式：交互式学习、自主性学习等。学生不仅可以充分利用多媒体技术和网络技术，借助网上资源，自主进行双向交流学习，还可以自主确立学习目标，选择适合的学习方法，自觉调控学习状态。大数据时代为学生的学习提供了平台及资源，拓展了新的学习模式。

（二）大数据时代会计行业的机遇

1.一般性会计工作与时俱进

作为经济管理的基础组成部分的会计工作，在大数据时代更应充分发挥其在处理信息、核算数据、评价管理等方面的优势，利用好丰富的互联网资源，借助“大数据”“云平台”等网络资源的力量，实现会计部门的政务公开、电子政务、网上交流等，促进会计工作与时俱进，更好地服务于经济社会的发展。

2.推动会计服务模式升级

大数据时代推进了分工社会化以及新型会计服务体系的构建，同时也促进了会计服务模式的升级，打破了地域的限制，将线下业务逐渐转变为线上业务，实现了实时记账和财务咨询，为客户提供更多、更高效、更便捷的会计服务。这不仅能够把财务信息提供给传统的企业所有者，还可以借助新兴的网络技术，使会计信息处理更全面、及时、动态，从而使会计核算更规范、高效、集中，为管理者的决策提供更大的帮助。同时，互联网的发展也为会计管理部门的政务公开、电子政务、网上交流等服务提供了有效平台，促进了会计管理部门管理服务模式的进一步转变。

3.促进会计管理职能的转变

传统会计工作的基本职能是计量、核算和监督，而在依托“大数据”“云平台”等信息技术的大数据时代，会计工作在具备基本职能的同时，还能够在绩效管理、预测分析、管理决策上发挥作用，推进会计工作由传统的财务会计的静态模式向新型的管理会计的动态模式转变，更好地发挥会计的预测、计划、决策、控制、分析、监督等职能，促进会计工作的升级和职能的转型。

4.催生会计领域的新发展

大数据时代的会计行业在其自身不断融合发展的同时，也促进了会计相关领域的发展。在经营方面，互联网记账公司、网络会计师事务所等产业接连出现，他们依托第三方平台，与客户进行线上线下互通交流，受到了不少客户的青睐。在教学方面，网络会计培训学校如雨后春笋般涌现。教师在网上授课，学生在网上学习，信息在网上流通，网络成为许多人学习的首选方式。

（三）大数据时代会计教学的机遇

1.大数据时代会计教学形式的改革

传统的会计教学方式中知识的传递是以教师课堂讲授为导向的，课堂上以教师为主体，利用粉笔和书本让学生被动地接受知识。随着信息技术的广泛应用，课堂要求教师用多种形式组合优化教学内容，形成多种信息互相传递的互动课堂，充分发挥学生的主动性、积极性。会计教学不仅要注重会计知识的传授，还应注重会计思维的传授，在教学过程中应充分体现学生的自主思维。也就是说，大数据时代的会计教学组织方式应从传统的“以教师为中心”教学模式向“以学生为中心”的方式转变，充分发挥学生学习的主观能动性，不仅要求学生“学会”，还要教学生“会学”，教学形式发生了变革。例如，“基础会计”课程中关于装订记账凭证的操作内容，在传统课堂教学中，教师只能单纯地进行课堂讲授，实践操作只能在实训环节进行演示。但在信息化课堂下，教师通过多媒体课件播放视频就可以完成，既丰富了课堂的教学形式，又增强了学生的学习兴趣，调动了学生的主动性。

2.大数据时代会计课堂教学媒介改革

信息技术的发展不断产生多种媒体并进入教学领域。例如微信平台、QQ工具、微课、多媒体会计教学系统平台等，短短几年之间媒体的发展经历了从简单直观的PPT到复杂多元的媒体变化，由传统的直观性教学媒体发展到基于视听技术和计算机网络技术的多媒体智能教学系统。教学课堂的数字化、智能化和网络化发展使其课堂功能和作用不断增强与扩大。这些新媒介的出现就成为会计教学信息的媒介和辅助手段，而且成了人们的认知工具和学习资源，不断改变着教学环境的组成元素。

3.信息化会计教学资源改革

会计专业是一个实践性很强的专业，要求学生不仅要掌握扎实的理论基础，还要求学生通过实践技能学习，掌握会计基本技能。信息时代技术助力课堂教学，为教学提供信息化教学环境和支持，利用多样化教学资源进行实践教学。会计的教学资源是教学实施的基础，创建开放性教学资源，利用现代资源优势、教师之间的协同作用，在传统的会计教材体系上创建信息化教学资源体系，建成基于课程知识结构的多样化、集约化教学资源，为会计教学的多元互动奠定资源基础。

例如，在“基础会计”课程中，教师可以利用信息化网络收集实践技能教学资料，丰富理论课堂，在逐步建设中建设精品课程，通过信息技术与课程的整合，创设情境化教学环境和数字化学习支持条件，重视信息化学习工具的搜索与利用，可在微信公众平台开展基于课程的学习成果分享。

第五章 大数据背景下会计人才培养的未来展望

第一节 大数据时代会计人才培养的价值

一、转变了会计教学的理念

（一）教学理念与学习理念的转变

大数据时代赋予了会计教学新的发展理念，因此需要会计专业的教学工作做出新的转变，与会计教学的发展理念相吻合。大数据时代下，会计、教育、营销、管理等知识领域均发生了一定程度的转变，需要人们以一种全新的方式重新适应这个时代社会的生存与发展。就会计教学而言，其需要将自身的知识内容与大数据的应用处理方式相结合，从而为社会培养出专业会计人才，以推动社会发展，这是会计教学的根本目的。会计教学的目的虽然不会发生改变，但是教学方式需要不断进行调整，并进行一定的教学改革。正所谓“心之所向，素履以往”，无论是大数据时代下会计教学方法的转变，还是会计教学模式的转变，均需要以一定的教学理念为指导，否则就难以产生后续的教学改革。

大数据时代是转变会计教学理念的助推器。在以往的会计教学中，教师以知识的传输为主，即教师将知识完整、准确地传输给学生，至于学生对该部分知识的理解则不在教师的考虑范围内。这并不是说会计教师不负责任，只是这种教学理念存在不合理之处。其实，这种填鸭式的教学理念在教学中的应用并不少见，如今，很多教师仍然把自己当作教学主体，一味地讲述知识，而忽视了学生对知识的理解，或者说忽略了学生才是教学中的主体。今天，大数据时代的到来改变了这一教学理念。可以说，在大数据时代背景下，会计教师不再把自己当作课堂教学的主体，而是成为学生的引导者，不再把自己当作课堂教学的权威，而是成为会计知识的探索者。这种教学理念的转变对会计教学的开展具有重大意义。其实，与教师的教学理念同时发生转变的，还有学生的学习理念。在以往的教学中，学生始终处于被动接收的学习地位，不自觉地就把自己放在了课堂知识的倾听者和被动接收者的位置。在这种学习理念下，受到影响的不仅是学生的学习效果，还包括学生的学习思维。正所谓“书到用时方恨少，事非经过不知难”，会计专业的学生如果没有经过一番思考，那么很难对所学会计知识有较深的理解，更不可能掌握会计知识的思维方法。因此，在大数据时代背景下，会计教学必须进行适当的改革，而这场变革的根本就在于会计教学理念的创新。

（二）契合国家教育改革要求

从我国的整体教育情况来看，主要还是应试教育问题，也就是说大多数学生学习文化知识更多是为了应对考试。当然，造成这种结果的原因是多方面的。从学校和教师的角度来看，为了提高学校的升学率和班级的升学率，学校和教师都将教学的重点放在应对学生考试上。大数据时代背景下的会计教学理念与传统的教学理念不同。在大数据时代背景下，学校和教师更加注重学生的学习效果，更加注重知识的实践与运用，这种教学理念及模式才更加契合国家教育改革的要求。

具体而言，在大数据时代背景下，以学生为中心的教学理念逐渐形成，这使得学校和会计教师意识到教学的根本目的不是仅让学生取得好的考试分数，更是让学生理解与掌握会计知识，能将会计知识灵活运用于社会实践中。同时，学生在新的教学理念影响下，自身的学习理念也开始向着“为我所用”的方向转变。所以，大数据时代对会计专业教学改革所产生的价值并不仅仅在于学校和教师教学理念的转变，还在于会计学生学习理念的转变，只有学校、教师、学生的理念统一，才能真正做到契合国家教育改革的要求，也才能更好地促进我国教育发展。

二、丰富了会计教学的形式

（一）生活化教学

所谓生活化教学，指的是教师在会计教学中，将教学内容与学生的生活相结合，以此组织和开展教学活动。这样，既能够拉近学生与会计知识之间的距离，还能够降低学习难度，进而提高学生的学习效率。具体而言，教师可以提前观察并挖掘教学内容与学生日常生活之间的联系点，然后以此为契机进行教学。因为自身有过相同的生活经历，所以学生在理解该方面的会计知识时便能够得心应手。当然，并不是所有的会计知识都能够与学生的实际生活有关联，这时教师可以通过引导学生展开联想的方式进行教学。比如，教师可以引导学生将自己想象成为某企业的首席会计师，再有针对性地开展教学活动。当学生融入这一角色之后，便不再以学生的身份看待问题，而是以首席会计师的身份对如何保证和提高会计管理水平进行思考。这对加深学生对所学知识的理解至关重要。

（二）问题引导式教学

所谓问题引导式教学，指的是教师在会计知识教学中不通过直接讲解知识的方式开展教学，而是通过提问的方式进行教学。这是一种与传统教学方式相反的教学模式，教师需要提前将教学内容转化为具体的教学问题，然后在课堂上进行提问。问题引导式教学的作用主要体现在两个方面：一是能够促进学生思考，进而锻炼和提升学生的自主思维能力；二是能加深学生对所学知识的理解。需要注意的是，问题引导式教学的开展并不是将知识转化成问题那么简单，而是需要教师进行专门设计，如何才能更好地引导学生思考，如何才能加深学生对问题的理解，如何提问才能使教学思路更加清晰等，这些都是教师需要提前准备的工作。在具体的提问过程中，教师要给予学生一定的时间思考，因为教学内容都是一些新的知识点，学生学习起来有一定的难度，需要时间思考。此外，教师在提出具体问题之后，最好不要告诉学生答案，而是先倾听学生的解答思路，再对学生的答案进行汇总，从学生的回答中挖掘潜在的问题，再有针对性地教学，这有利于提高学生的学习效率。

（三）小组合作式教学

所谓小组合作式教学，指的是教师在开展会计知识教学时，引导学生进行小组合作学习，这样不仅能够有效锻炼和提升学生的自主探究能力，还能够有效拉近学生与学生之间的距离，增强学生的合作学习能力。教师在开展小组合作教学时，要为小组合作讨论指定具体的方向。也就是说，教师需要为学生设定探讨的问题或者方向，然后引导学生进行集体探究，这是开展小组合作式教学的前提。一般而言，教师在进行探究问题设计时，要适当增加问题的难度，这样才能够激发学生的探究兴趣，使学生的探究更有效果和价值。当然，教师也可以引导学生探究一些具有开放性的问题，这也是锻炼和发散学生思维的有效方式。教师在进行小组合作教学时，还要注意学生的分组方式，即保证学生小组成员之间的差异性，而不能进行随意分组，否则不利于学生之间展开深入而有效的沟通。具体而言，教师可以按照“组间同质，组内异质”的原则进行分组，既保证小组内成员之间的差异性，又保证小组间成员的差异性，这样才能更有效地探讨和交流。在学生小组进行知识探究的过程中，教师要进行监督，以了解学生的探究思路，也可以参与学生小组的探究，为学生的探究提供思路。在学生小组探究结束之后，教师再邀请各小组代表进行结论阐述，然后要针对所有学生小组的探究结果进行统计和归类，再以学生小组的探究结果为蓝本开展教学，从而使教学更有针对性，效果更好。

（四）身份互换式教学

所谓身份互换式教学，指的是教师在开展会计教学时，可以转换自身与学生的身份，这样既有助于加深学生对所学知识的理解，又能够全面展现学生在知识理解中产生的问题。当然，身份互换式教学还有助于锻炼和提升学生的语言表达能力、临场反应能力等，对于学生综合能力的提升具有很大的帮助。具体而言，教师可以在开展教学工作之前，先引导学生进行知识预习，并明确告知学生明天的教学工作将由学生自主展开。此时，教师可以为学生指定预习内容的重点，为学生预习以及教学准备工作的开展提供指导。在次日的课堂教学中，教师要安排学生上台讲课，而自己坐在学生的位置倾听。需要注意的是，在学生讲课的过程中，无论其内容讲述得是否正确，教师都不宜打断学生，因为这很有可能会打断学生的讲课思路，甚至造成学生不敢讲的局面。在学生站在讲台上讲课的过程中，教师要对学生讲的知识点以及讲学能力进行点评，并在学生讲学结束之后将自己的指导意见告知学生。此外，教师不能将整体课堂教学过程都交给一名学生，而要分散开，同时锻炼和培养不同学生的讲课能力，这样才能保证全体学生学习能力的全面提高。

三、提高了会计教学的效率

（一）会计教学的难度降低

会计学是一门知识难度较高的学科，其所涉及的内容以及知识范围相对较广，所以学生在进行会计知识学习时，学习难度也相对较大。或许在外界看来，会计工作所负责的主要内容就是记账，但是实际并非如此。会计工作不仅要负责记账，还要负责报账、缴税、制作凭证、对账、核算工资、社保、公积金、计提损益、审计等多项内容，所以会计工作并不轻松。这一点通过会计考试难度也可以窥见一斑。会计考试分为初级会计师考试、中级会计师考试、注册会计师考试等，其中注册会计师的考试难度最大，每年通过的学员不足 5%。对此，教师在开展会计教学时，要注意降低学生的学习难度，将抽象的会计知识进行较为直观的展现，以提高学生的学习效率。

在以往的教学过程中，教师仅注重会计相关理论知识的有效传授，这样虽然也能够促进学生对会计知识的学习和理解，但是学生对会计知识的学习仅停留在理论层面，到了具体的实践应用时却摸不着头脑，有一种不知如何下手的困窘。这显然不是会计教学想要的最终效果。在大数据时代，教师可以将社会中的诸多会计实际案例应用于会计教学中，从而帮助学生认识会计知识的具体应用方式，并且能够通过实际教学案例引导学生认识在会计知识实际应用中可能存在的一些问题。除了教导学生正确运用会计知识外，教师还可以利用大数据的方式将学生容易出错的会计知识进行汇总，并且从中分析出学生犯错的原因，进而开展更有针对性的教学，以降低学生的学习难度，提高学生的学习效率。此外，学生对会计知识的学习也不再局限于课堂，而是延伸到课外，因为学生可以通过教学大数据的方式寻找自己不了解或者学习不够深入的会计知识，进而通过自主学习的方式完成相关课程知识的学习。教师也可以利用网络大数据的方式开展会计教学，而不必拘泥于自己讲学这种单一方式；还可以通过大数据的方式搜集一些好的教学素材和好的教学方式，然后为我所用，以降低学生的会计学习难度，保证和提升学生的学习效果。

（二）会计教学的效果提升

知识教学重点关注两方面内容：一是学生对知识的掌握程度，二是学生对知识的掌握效率。教师在开展会计知识教学时，既要保证学生对所学会计知识的效果，又要保证学生对所学知识的效率。在以往的教学过程中，教师主要采取知识讲解外加黑板板书的方式，虽然这种教学模式也能够起到很好的作用，但是教学效率不高。在大数据时代，会计教师的教学设备以及教学方式均发生了较大的转变。比如，以往的板书教学转变成当今的多媒体教学，以往的课堂教学转变成当今的微课教学，这些教学模式的变换对提高会计课堂教学效率具有重要作用。

首先，会计教师在开展会计课堂教学之前，可以将教学知识制作成多媒体课件，这样能够减少课堂板书的时间，进而提高课堂教学效率。

其次，通过多媒体课件教学能够将一些课本之外的知识融入其中，这对拓宽学生的知识范围，加深学生对会计知识的理解具有重要作用，自然也就能够提高会计课堂教学效率。

最后，教师在开展会计教学时，还可以引入图片或者动画，这相比于教师的直白口述更有说服力，所以自然也就能够很好地提升课堂教学效率。

除了通过开展多媒体教学的方式提高课堂教学效率之外，教师还可以通过翻转课堂的方式提高会计教学效率。所谓翻转课堂，指的是将学生的课堂学习与课下的活动进行翻转，即学生在课下完成课堂知识的学习，而将课堂作为学生与教师之间展开交流与探讨的互动场所。简而言之，翻转课堂就是将学生的课下学习作为其开展知识学习的主战场。翻转课堂教学模式主要借助大数据，教师将课堂知识制作成微课发送给学生，学生根据教师制作的短视频开展相关会计知识的学习，这样能够将学生的课下时间进行充分的利用。而到了课堂教学时间，教师根据学生的学习反馈，对学生存在的知识疑难点进行讲解，从而帮助学生疏通学习思路，提高会计教学效率。

其实，通过翻转课堂的方式开展会计教学之所以能够有效提高课堂教学效率，不仅仅得益于对学生课下时间的有效利用，还在于其充分调动了学生的学习自主性。学生在课下进行知识学习时没有教师的引导，这个过程属于学生自主学习知识的过程。尽管学生可以通过微课的方式进行相关理论知识的学习，但是其毕竟不能进行双向互动，对于在学习过程中所产生的疑问也没有办法进行提问。这时，学生的思维自主性便会得到很好的发挥。在学生经过一番自主的探索之后，其所剩余的疑问也就会减少，学习的效果自然得到提升。到了次日的课堂上，教师再针对学生共有的学习问题进行沟通与解答，帮助学生扫除知识盲点。因为学生所剩的知识问题已经很少，所以教师能够在短时间内帮助学生扫清知识障碍，进而提高课堂教学效率。在帮助学生扫清知识障碍的过程中，教师不要直面学生提出的问题，而是先将其转化，比如，转移给其他学生，或者通过启发学生进行共同讨论的方式开展相关知识教学，如此既能够了解学生对所学知识的掌握程度，又能够帮助学生加强对所学知识的应用。在课堂剩余时间，教师要继续拓宽学生的知识范围，这也是提高会计课堂教学效率的重要方式。

总而言之，在大数据时代，会计教师通过多媒体课堂教学以及翻转课堂教学等方式，提高了学生对所学会计知识的掌握程度，保证了会计教学的质量和效果，提高了会计教学效率。

（三）学生应用能力的提高

学习知识就是为了应用于社会以及生活实践，否则再多的研究成果也将失去其原有的价值与意义。会计教学也是如此，如果学生仅能够掌握会计理论知识，而不懂得会计知识的具体应用方法，那么其对会计知识的获取也就仅能束之高阁，而不能助力社会以及企业发展。所以，如何教导学生将所学会计知识应用于实践，提高学生对会计知识的实践应用能力，是会计教师应当重点思考的问题。

在以往的会计教学中，教师总是将课本作为开展教学工作的基础，然后将其中的各项理论知识进行反复解说，以期学生能够对会计知识进行全面的学习。但是，这种教学方式教出来的学生只能够对会计理论知识有所了解，并不懂得具体会计知识的应用方法。当然，教师也是通过理论加实例的方式开展会计教学的，但是理论之后的一个或者几个例子并不能真正帮助学生深入理解和运用该部分理论知识，这使得学生不知道如何运用所学的会计知识。在大数据时代，教师可以通过网络等诸多形式收集各个相关理论知识点的教学案例，从各个方面对同一理论知识点进行多方位的解读，加深学生对所学会计知识的理解，提高其对知识的实践应用能力。教师还可以通过大数据的方式分析学生对所学会计知识点的理解与应用程度，进而为后续教学工作的有效开展提供指导，这对提高会计教学效果以及提升学生对知识的实践应用能力也具有很大的帮助。

四、大数据时代会计教学改革的方式

（一）改革课程架构体系

会计专业包含的内容广泛，而且社会对会计人才的要求多元化，这就使得学校在开展会计专业知识教学时，需要根据具体的实际需要改革课程架构体系，以适应社会发展。对于社会对会计人才的需求，可以通过大数据的方式进行调查，然后根据调查的结果进行相关理论知识的划分。根据大数据的分析，会计人才培养可以分为知识、能力和素质三个方面，这也表明可以针对会计人才进行如上三个方面的改革。具体而言，会计课程的架构需要按照会计知识是基础、会计能力是根本以及会计素质是前提的标准进行建设。只有构建会计知识、会计能力和会计素质三方面的会计课程，才算是达到会计教学改革的初步要求，才能为学生的未来发展奠定基础。

1.会计知识

大数据时代给人们以及社会带来的影响是巨大的，可以说大数据时代彻底颠覆了诸多传统的生活方式，给人的思维带来了新的灵感冲击。

知识是开展会计工作的基础，会计人才必须具备一定的专业知识。在大数据时代，教师可以选择一种其认为更合理的方式开展会计基础知识教学，这既是教学方式的转变，也是教学理念的转变。但是无论教学方式如何转变，只要能够保证学生的学习效果即可，因为这才是学校开展教学工作的初衷与根本。在会计基础知识教学中，教学教师不仅要保证学生对知识的学习和掌握，还要使学生将知识融会贯通，这一点至关重要。

2.会计能力

会计能力是一种对基础知识的掌握能力，是一种能够成功应对各种会计考试并能够处理各项会计事务的能力。对学生会计能力的培养不是仅通过简单的书本教学就能够实现的，还需要通过具体案例来提高学生的会计技能。教师可通过大数据对会计工作中的各种现实问题进行统计，然后整理给学生，以增加学生的会计处理经验。当然，教师想要切实提升学生的会计能力，还需要加强学生实践，让学生在具体的会计工作中历练。

3.会计素质

会计素质是会计行业工作人员需要具备的一些会计素养。会计素质除了与会计基础知识相关外，还与会计工作人员的会计能力相关。因为会计工作人员不仅要保证自己不违反会计职业道德规范，还要保证完成会计工作。因此，教师既要保证学生对会计基础知识的把握，又要注重学生会计能力及会计素质的提升。

（二）调整教学内容及模式

1.调整教学内容的顺序

会计知识教学的目的在于实践应用，所以在进行会计教学内容的设计时，要围绕会计工作实用性的标准进行设计。一般而言，各高等院校多是遵循会计教材的既定顺序开展教学。这种教学方式仅完成了教学内容的有效传输，而忽视了对学生知识运用能力的提升。对此，我们需要根据实际需要对会计教学内容进行相应的调整与变革，以培养学生对会计知识的实际应用能力。

会计教学内容顺序的调整需要参考学生的意见进行。教师可以通过大数据的方式，统计学生的学习习惯或者学生对教材教学顺序的意见，然后对教学内容进行重新设计与调整，以更加符合学生的学习习惯，并保证学生的学习效果。当然，会计教学内容的调整不能完全依靠学生的意见和偏好而定，尽管学生是会计知识学习的主体，但是因为其对会计知识的应用方式以及应用渠道并不熟悉或者精通，所以会计教学内容的调整还需要参考教师以及会计行业工作者的意见。科学的教学内容设计不仅能保证会计知识的实用性，还能提高课堂教学效率，提高学生学习效率。会计教学内容的具体调整可以各项会计事务的办理流程为标准，也可以相关会计知识的关联性为标准，不同的调整方式决定了不同的学习理念与模式，同时对学生学习会计基础知识的结果也会产生不同的影响。

2.增加教学案例

传统的会计教学一般以理论介绍为主。虽然在理论介绍的后面也会有一定的教学案例，但是教学案例很少，不利于学生对所学会计基础知识的学习和理解。对此，会计教材内容的调整可以增加一定的教学案例，即在介绍一定的会计理论知识之后，安排一定的教学案例，帮助学生对所学理论知识的学习与运用。安排的教学案例不能单一，而是要多元化。因为具体的会计知识内容不会只应用在某一个方面，这就需要通过增加教学案例的方式，对会计教学内容进行延伸，以帮助学生全面地学习知识。同时，还要对教学案例的难度进行适当的调整和安排。因为会计基础知识的实践运用环境是复杂的，这就使得教学案例必须具有一定的深入性或者复杂性，这样才能够促进学生思考，从而使学生掌握相关会计专业知识的具体应用方式。

3.合理地设置问题

在一般的会计专业教学内容安排中，以会计知识的正面讲解为主，这种教学内容的设计方式虽然能够直接将会计专业知识完整、准确地告知学生，但是不利于学生对所学会计基础知识的学习和掌握，与会计教学的最终目的相背离。对此，需要重新调整会计教学内容，以直接提问或者启发提问的方式促进学生思考，引导学生更好地学习会计专业知识。

根据大数据对学生阅读和学习会计专业知识的统计可以知道，学生通过阅读教学内容的方式开展会计专业知识学习时，其大脑其实处于一种无思考的状态，或者说其只是通过眼睛观察知识，而不是用大脑思考知识。此时，通过在教学内容中提出问题引导或者启发学生思考，学生就会注重对其所“观察”的知识进行深入思考与学习，这样才能够保证学生对所学会计知识的学习与吸收效果。当今的教学内容设计方式是先阐述内容，最后提问，但是这种内容设计方式存在着一些问题：一是问题的设计位置问题。学生阅读完相应的会计理论知识后阅读会计问题时，大多数会重新返回阅读并思考，那么第一遍的阅读就是无价值的，是一种时间成本的浪费。二是问题太少。一个完整的章节内容最后配以若干问题，显然是不能将教学内容完全包含在内的，而且不利于细化教学内容。三是问题的设计多是从知识本身的角度出发，而不是对问题进行生活或者实践应用方面的拓展，这样不利于提升学生对所学会计专业知识的实际应用能力。所以，从设计教学问题的角度出发，教师既要注意问题设计的位置，又要增加问题的数量，还要注重所提问题与实践应用之间的关联，从而更好地保证学生对所学知识的学习效果，提升学生对所学知识的实际应用能力。

4.变革传统教学模式

教学模式是会计教学工作开展的具体方式，对提高教学效率、保证学生的学习效果发挥着重要作用。然而，在传统的教学过程中，各高等院校以及教师均采用填鸭式的教学方式开展教学，即在课堂上，教师往往通过直接传输教学内容的方式开展会计知识教学。这种教学方式虽然能够保证会计教学内容的准确与完整传授，但是不能有效激发学生的学习兴趣，最终的教学效果自然也就难以得到保证。在大数据时代背景下，教师应当明确学生才是课堂教学的主体，所有的教学工作都应当以学生乐学以及学好为中心开展。这就要求教师在开展会计教学时，变革传统的教学模式，激发学生的学习兴趣，保证学生的学习效果。

具体而言，传统教学模式的变革需要以教学理念的革新为重点，即只有在会计教师转变教学理念的前提下，才能够变革教学模式。对此，教师在以学生为中心、以学生学会为基本点的教学理念指导下，改变教学模式，以提高学生对会计知识的学习兴趣。在开展具体的教学工作时，教师应当注重对学生学习兴趣的激发，如果教师一味地按照一种教学方式开展教学，即使这种教学方法再好，久而久之，学生也会对其丧失兴趣，或者感到厌烦。所以，变革教学模式的第一步是丰富教学方式。此外，教师在开展教学工作之前，需要了解学生的兴趣点在哪里，然后再转变教学方式，以与学生的学习兴趣相匹配。要找到学生的兴趣点，教师就要注意课下对学生进行细致观察，还要注意时下的热点新闻，毕竟热点新闻往往会成为诸多学生的重点新闻话题。教师以热点新闻的方式进行教学导入，必然能够有效激发学生的讨论兴趣，自然有助于教师后续教学工作的有效开展。但需要注意的是，选取的热点新闻要与教学内容契合。

变革教学模式还要注重对学生思维能力的训练。开展会计教学的根本目标是要保证学生的学习效果，即保证学生对所学会计知识的吸收和掌握。所以，在会计教学过程中，教师要注重对学生思维能力的有效训练。其实，与传授学生会计知识相比，培养学生的思维能力显得更重要。“授人以鱼，不如授人以渔”，只有传授学生学习方法，才能保证学生的学习效果。在锻炼和提升学生的思维能力时，教师可以通过预习教学、问题引导教学等方式开展。

所谓预习教学，指的是教师引导学生提前预习。因为学生所预习的内容都是新知识，所以对锻炼和培养学生自身的思维能力具有很大的帮助。当然，在开展具体的预习教学时，教师既可以指明具体的预习内容，又可以指导学生如何预习。一般而言，教师可以在开展预习教学的初期，通过问题引导的方式，帮助学生明确所要思考的具体方向。当学生能够自主掌握预习的方式和方法之后，教师则无须具体指明教学方向以及教学内容，而要将预习全面交到学生手中。其实，预习教学与问题引导教学的教学理念是一致的，即培养学生的自主思维能力。这种思维能力的锻炼既可以通过正面教学进行，也可以通过反面教学进行。所谓反面教学，指的是从学生的作业错题的角度出发，启发学生对自身所犯的错误进行思考，这也是锻炼学生思维能力的有效方式。由此我们也能够看出，具体的教学方式是变化无穷的，但是理念始终未脱离其根本。

变革教学模式的第二步是降低学生的学习难度。因为会计理论知识相对较为抽象，所以教师可以采用具体案例的方式开展教学，这样能够有效降低学生的学习难度，由浅入深，逐步加强学生对所学知识的学习和掌握。除了案例教学之外，教师还可以通过生活化教学、趣味化教学、直观化教学等方式降低学生的学习难度，从而促进学生对所学知识的学习和掌握。

当然，以上所阐述的各种变革教学方式的理念、方法以及具体的教学方式并不是一以贯之的，教师可以根据具体的教学需要进行变换与选择，进而保证学生的会计学习效果。

（三）增强学生职业能力

1.设置各类技能训练课程

“实践是检验真理的唯一标准。”只有强化实践教学，才能真正增强学生的职业能力。在大数据时代，越来越多的会计知识涌现，但这些知识并不是仅通过课本或者课堂教学就能够完全领会和掌握的，而是需要实践操作。而且现实生活中面临的会计问题各种各样，更加需要通过引导学生强化实践来提升其对所学会计知识的掌握与应用水平。

设置各类技能训练课程，如记账训练、珠算训练以及点钞训练等。在大数据时代，虽然办公已经基本实现电子化，但是这并不代表传统的会计技能无所适用。比如，在最初没有电子计算机的时代，记账训练是会计人员必须掌握的一项基本技能，可以说这是当时会计人员开展会计工作的基础。而到了电子计算机时代，各种会计办公软件的出现使得以往诸多的记账知识应用极少，久而久之，人们对这项会计技能的掌握已经变得生疏。然而，会计行业工作人员依然不能将这一基础技能抛弃，因为在审阅会计报表以及填写纸质版的会计信息时，记账训练依然发挥着重要作用。珠算和点钞训练亦如此。在大数据时代，珠算已经被电子计算器取代，甚至每个人的手机里面都包含计算器软件，人们可以随时打开手机运用计算器软件。但是，珠算依然不会离开我们的生活，虽然珠算已不再被人们广泛应用，但是其可以用来锻炼和提升人们的思维能力、感知力、注意力、记忆力、想象力等诸多能力，特别是对心算能力的提升有重要作用。

所以，会计工作人员同样需要锻炼和掌握珠算计算的能力，以更好地提升自身的会计技能。虽然点钞这一会计技能已经被新时代的点钞机取代，但是点钞机的运用只是作为一个辅助性的工具，即在确认钱数之后再运用点钞机进行验证，而人们很少将点钞机作为判定资金多少的唯一标准。这就说明，点钞训练在当今时代依然不过时。即使在大数据时代，人们的诸多生活方式以及生活习惯均已改变，但是一些传统的会计技能却没有过时，反而依然从不同角度助力会计行业以及整个社会的发展。此外，会计软件仅是帮助会计工作人员开展会计办公的工具，会计工作人员的知识和思维才是开展办公作业的有效指导。只有全面提升会计工作人员的思维能力，才是有效开展各项会计工作的基础。

2.开展项目式的实践性教学

会计模拟演练是大数据时代的新生产物，是在统计社会中存在的各种现实会计案例的基础上，为学生开展会计专业学习提供的场景化练习设计。具体而言，教师需要通过大数据的方式搜集具体相关课程大型作业，以应用于实际课堂教学中。这种作业形式不同于日常的课后作业，并不需要学生用笔进行相关会计专业题目的回答，而是需要学生通过实践行动的方式完成。这既是一种对学生会计知识掌握程度的考核，又是一种对学生知识运用能力的考核。

日常的课堂教学仅将会计专业知识传输给学生，以帮助学生完成会计知识的学习和掌握，而学生对会计知识的运用能力则需要通过大型作业设计以及模拟实习等实践方式来提高。但是，这种大型作业以及模拟实习的教学方式并不适用于会计专业小节的知识教学，而是适用于在完成某一章节内容的教学之后，对学生进行综合性的考核。这主要是因为在模拟练习中，所运用到的会计知识是多方面的，而不会是其中的某一点或者某几个方面，所以对于学生的综合性应用能力的考核要求会比较高，这必然要求学生需要对具体的会计教学内容进行全面性的学习和掌握。

3.引导学生开展社会实践

如利用周末或者假期时间开展社会调查、认识性实习、实务性实习，以及毕业前的社会实习等。引导学生开展社会实践是在开展大型作业、模拟练习实践教学基础上的进一步实践。这种社会实践是脱离了院校教育的另外一种实践，是一种更具真实性的实践演练过程。

当然，在开展具体社会实践的过程中，教师需要对学生的实践过程加以指导。针对学生的实践演练过程，教师可以通过大数据的方式进行统计与分析，然后从中挖掘出学生的不足，明确改进方向，以更好地开展会计教学工作。在引导学生开展社会实践的过程中，教师需要注重开展社会实践的阶段性。比如，教师可以将学生的会计专业实践练习分化成周末作业，引导学生将自己的周末时间充分利用起来。教师还需要及时收集学生的实践反馈，或者可以和学生一起在周末进行会计专业实践，从而直接对学生在实践过程中产生的问题进行解说，有效提升学生对具体会计专业知识在社会实践中的应用能力。教师还可以利用暑假时间，引导学生自主参与社会实践，这是学生真正独立开展社会实践学习的重要方式。但是，教师依然不能通过完全放养的方式完成这一教学环节，而是需要学生及时将自己的实践过程反馈回来，教师再根据学生的反馈进行数据分析，从而为学生的自主实践提供更有针对性的指导，以提升学生对会计专业知识的实践运用能力。

（四）完善评价机制

1.开展教学工作的保障

评价机制是开展教学工作的保障机制，是审核会计教学过程以及教学结果的有效手段。以往也会对会计教学的过程进行评价，但这种评价总是具有一定的片面性，也就是说，以往的教学评价总是围绕着课程教学的内容展开，而不是针对学生的学习能力、领悟能力以及对知识的实践运用能力等方面展开的。这样的教学评价机制是不完善的，是较为片面的。

在大数据时代，人们对信息的把握不再拘泥于某一个或者某几个方面，而是全方位的，这就是大数据信息在当今时代的真正意义。这对通过大数据进行信息的预测与评价极为重要。所以，在开展会计教学改革的过程中，可以通过大数据的方式对会计教学过程进行评价，以保障会计教学评价的全面性。这种评价方式不再局限于某一节课堂教学的过程，而是将其贯穿于整个学期乃至整个学年的教学过程。当然，在具体通过大数据的方式开展会计教学评价时，并不是要在完成某一学期或者学年教学之后再运用大数据进行整体性的评价，而是要进行及时评价，及时发现教学过程中存在的各种问题，从而帮助教师及时修正教学方式，保证学生的学习效果。

因为大数据分析的全面性、科学性和准确性，所以其对教师的教学评价更有针对性，教师仅需要按照大数据的分析完善教学方式和教学内容即可，既方便，又高效。在通过大数据对教师的教学过程进行评价的同时，还需要通过大数据对学生的会计学习过程进行评价，这样才能从教师和学生两个方面对会计教学进行变革与改进。就学生的会计学习过程而言，教师主要需要收集以下几个方面的信息：

一是要通过加强观察的方式了解学生的学习情况，如学习时间、学习状态、学习内容、学习方式等，这些都是大数据需要统计的具体信息。

二是学生的作业情况，包括学生的考试成绩等，这也需要记录在大数据收集的信息数据范围内。

三是学生在大型作业及模拟练习中的表现。虽然大型作业及模拟练习也可以看作会计教学课后作业的组成部分，但是毕竟不同于日常的课后作业，其更注重的是学生对所学会计知识的应用能力。

四是学生在周末及假期的社会实践情况。

这些都可以作为评价学生在会计行业的适应能力的重要信息。所以，教师需要从日常学习、作业解答、考试成绩、模拟练习及社会练习等多个角度对学生的整体学习过程进行全面的评价。

2.开展大数据评价的基础

评价机制建设是有效开展大数据信息评价的基础，但这不是开展大数据信息评价的终点。大数据的具体应用更加注重统计信息数据之后的分析与应用，所以，在开展会计教学时，除了做好教与学的大数据信息统计之外，还需要做好大数据的后续分析与应用工作。具体而言，就是在对教师的教学过程数据信息以及学生的学习过程数据信息进行统计之后，还需要展开数据分析。

所谓数据分析，就是对会计教学过程以及学生的学习过程进行反思的过程。以学生的学习过程为例，教学教师通过收集学生们的学习过程数据，可以挖掘学生在学习过程中具体存在哪些不足，比如，是对基础知识的掌握不够牢固，还是对会计知识的具体应用不够娴熟。在确定学生的不足之处之后，教师再探寻学生为什么对基础知识的掌握不够牢固，是因为学生上课不注意听讲，还是因为学生的学习方法不当，或者是教师的教学方法存在问题，这些都需要教师进行细致的分析。教师无论是对教学过程进行分析，还是对学生的学习过程进行分析，都需要结合教学过程数据以及学生学习过程数据两方面的信息来看，而不能仅分析一个方面的数据，否则就会使数据分析不全面。在挖掘出具体的教学问题之后，教师再“对症下药”，通过转变具体的教学方式等手段完善会计教学过程。

当然，这并不代表教师通过分析之后得出的教学改进策略一定有效，具体还需要根据后续的数据统计进行分析与评价。而且，对会计教学过程的数据分析与评价永无止境，教师需要不断运用大数据的方式对教学过程以及学生的学习过程进行分析和评价，进而提高教师的会计教学水平，提升会计专业学生对会计知识的学习效果。

第二节 大数据背景下会计人才培养展望

一、继续创新会计教学理念

（一）教学理念改革教学方式

教学理念是开展会计教学工作的先导，任何会计教学改革都需要从教学理念的变革开始，这既是有效开展会计教学改革的初始与源头，又是大数据时代会计专业教学改革的必然。

在大数据的影响下，会计教学进行了一系列的改革，但是，所有教学改革无不是萌生新的教学理念之后的结果。未来会计教学的变革与发展同样遵循这样一个发展过程，即先产生新的会计教学理念，然后才会产生新的教学改革。通过大数据的方式，对人们关于会计教学理念的认识及创新方向进行统计，在整合相关专业人士的意见之后，再对其进行整理与分析，从中挖掘出可行的创新教学理念，然后付诸行动，逐步实现新的会计教学理念的变革。从这里的会计教学理念变革过程可以发现，会计教学理念的变革是与时代的发展紧密结合的，也是与教学行动的变革紧密结合的。在通过大数据的方式分析出新的会计教学理念之后，人们便着手开展新的教学理念的实践探索。

创新会计教学理念要着眼当下。所谓着眼当下，指的是在当前的会计教学中尚存在着诸多问题，这些问题会对未来会计行业的变革与发展产生影响。对当下会计教学中存在的问题进行挖掘可以通过大数据统计的方式开展。当下会计教学中存在的问题主要包括以下几个方面：

一是会计专业教材内容有待完善。这里的教材内容不合理并不是指会计教材内容存在错误或者疏漏，而是指会计教材中的内容多是以前的资料信息，与当今时代的实际发展脱节。诚然，学生能够通过该类会计教学掌握会计核算的基本方法，但是不利于其与当下时代的发展相结合，自然也就不利于学生对会计专业知识学习效果的提升。

二是相对滞后的会计教学方式和手段。传统的教学模式已经不再适应当今时代教学的发展需要，因此必须对其进行变革，否则会计教学的效率和效果将难以得到有效提升。

三是课程体系单一，教学内容重复。当下的会计专业教学主要还是以教材教学为主，忽视了对学生实践能力的锻炼与培养，这也是影响学生会计专业知识学习效果的重要阻碍。

四是高等院校教师实践经验不足。虽然能够在高等院校任教的教师普遍具有高学历，对会计专业理论知识的掌握程度必然不会太低，但是多数会计专业教师缺乏社会实践，甚至很少参与社会实践，那么教师对学生所进行的指导也必然多是从理论角度出发，这对锻炼和提升学生的会计专业知识实践应用能力会有所限制。

五是校外实习基地教学效果不理想。在开展会计专业教学的过程中，各高等院校也会给予学生一定的校外实习机会，但是这种机会并没有脱离学校环境的束缚，还是沿用会计理论的方式解决现实问题。或者说，这仅是将教材中的作业问题转化到现实中，而不是以现实生活中的会计实际问题考查学生，教学效果自然不会理想。在对当下会计教学中的问题进行统计之后，我们便可以明确未来会计教学改革的方向。但这同样不能离开大数据的支持，同样需要利用大数据的方式对会计教学问题的解决进行信息的收集与整理，然后形成新的教学理念。

（二）产教融合

所谓产教融合，指的是将教学与生产统一结合的一种教学模式。一般而言，产教融合主要应用于职业学校，但是这并不代表产教融合仅属于职业学校，专业高等学校同样可以应用这一教学模式。通过产教融合的方式开展会计专业知识教学是符合当今时代发展需要的，因为知识不仅存在于课本，也存在于社会生活。各高等院校在开展会计专业知识教学时，需要将课本知识教学与现实生活相结合，这样才能够达到最佳的教学效果。

通过产教融合的教学方式，学生不仅能够在学校学习到会计专业知识，还能够将该部分知识很快应用于社会实践中，这种不断学习又不断运用的方式不仅能够有效加深学生对所学会计专业知识的学习与理解，还能够有效提升学生对会计专业知识的实践应用能力。

产教融合的教学方式是将会计专业知识教学与社会实践相统一的一种教学方式，是一种有助于提高会计专业教学效率和教学质量的方式。当然，产教融合并不简单，因为这涉及高校与产业之间的融合性发展，所以实际开展起来会有一定的难度。然而，困难固然存在，但是只要确定方向，就能够获得相应的解决办法。具体而言，解决办法有两种：一种是构建虚拟的产业空间。在大数据时代，高等院校可以构建一个虚拟的产业空间，这样既不需要通过投资找项目，又不需要通过营销搞市场，只需要利用高等院校教师的智慧及专业知识，就可以构建一个虚拟场景。当然，这个场景不同于校外实习基地。虽然校外实习基地也可以算作一种学校组织的实践教学方式，但是其与现实社会之间的差距太大，而通过虚拟构建的产业则完全根据现实社会进行模拟，这样才能给学生一种身临其境的感觉。另一种是高等院校根据自身的办学特色，开办真正的实质企业。这样既能够为高等院校的发展建设提供资金，又能够将高等院校的专业知识投入实践，从而实现知识与应用之间的融合。这是一项大工程，而不是仅拘泥于会计一个专业。

比如，一所石油高校就可以通过开办石油企业的方式推展产教融合，而会计专业的学生便可以作为学校石油企业的“会计部分”员工，通过对学校财务数据进行核算、对账等方式锻炼和提升对会计专业知识的实践应用能力。如果就会计一个专业开展产教融合，也是可行的，因为当今社会中存在诸多代理记账公司，其主要作用是帮助企业代管记账业务。高等院校的会计系可以申办一家代理记账公司，并与市场营销专业的学生合作，市场营销专业的学生负责跑市场，会计专业的学生负责代理记账业务，如此既能够为学校增加收入，又能够提高学生对所学知识的实践应用水平。

当然，各高等院校还可以选用其他合适的方式开展产教融合教学，但是要保证学与用之间的衔接，保证实践环境的社会真实性，要为学生创设真正的社会生活情境，否则难以达到产教融合所需要的效果。

高等院校在产教融合教学的过程中，必须要将“产”与“教”之间的流程进行有效的衔接。比如，在学生学完某一方面知识之后，教师可以引导其参与到与该部分知识相关的产业实践中，帮助学生加深对该部分知识的认识。因为产业发展所处的环境是社会环境，而非学校环境，所以学生在实践中也能够了解到社会中会计问题的具体解决办法，这对提升学生的会计实践操作能力至关重要。

产教融合其实就是高等院校与社会实际之间的桥梁，通过这座桥梁，学生能够开展会计专业实践，而且及早接触社会也能够很好地帮助学生了解社会并适应社会，从而缩短学生适应社会的时间，促进学生成长。

二、开展财务软件教学

（一）软件教学进入课堂

随着大数据时代的发展，各种不同的财务软件层出不穷，这些财务软件分别从不同的方面为会计工作的开展提供着便利。高等院校在开展会计教学时，不仅要注重对专业知识的学习，还要注重对财务软件的掌握。当前较为主流的财务软件包括金蝶、税友、用友等，这些财务软件分别从不同的角度给予了会计工作人员相应的便利，对于提高会计工作人员的工作效率具有重要作用。具体而言，高等院校可以通过开设具体课程，让学生学习和使用各种财务软件，帮助学生认识到各种财务软件之间的差别以及优缺点，从而帮助学生正确使用各种财务软件。在针对主流财务软件的使用进行讲解时，教师不仅要从软件的财务报税等功能角度出发进行讲解，还要对其附属功能进行全面的讲解，以增加学生对财务软件的认识，提升学生的会计专业能力。比如，金蝶软件仅是一款财务软件，但是随着企业规模的不断扩大，金蝶软件逐渐开始向企业管理的方向延伸。教师在面向会计专业学生讲解金蝶软件中的财务报税等功能的同时，还要讲解金蝶软件中的企业管理功能，以丰富学生的企业管理知识，提升学生在社会中的竞争力。税友和用友软件的教学也是如此，教师不仅要讲解这类软件的基础财务报税功能，还要对其附属的其他功能进行详细说明，帮助学生全面学习和掌握这些软件的使用方法和技巧，使其做到精益求精。在大数据时代，会计教学需要特别注重各项计算机技术在会计管理中的应用，特别是在当下这个信息化时代，多元化的软件充斥在我们身边，虽然会计专业的学生不一定要对所有的软件进行学习，但是主流的且有实用价值的会计专业软件还是要学习和掌握的。

（二）灵活运用财务软件

教师不能仅从知识角度对各项财务软件进行介绍，还要从使用角度出发，引导学生熟练掌握各种财务软件的使用方法。如果教师在开展财务软件教学的过程中，采用以练习为主、以讲解为辅的方式，那么教学效率就会大大提高。在大数据时代，各种财务软件的使用也不再仅遵循既定的财务管理模式进行设计，其也在不断地进行调整与更新，目的就是更好地为企业提供财务管理服务。这就说明，尽管各种财务办公软件为企业会计管理工作的开展提供了极大的便利，但是也存在着诸多不足之处。对此，教师要将财务软件操作教学与手工记账教学相结合，发挥出财务软件办公和手工记账办公的双重优势，以提升学生的会计办公效率。教师在开展财务软件教学时，还要鼓励学生将所学知识运用到社会实践中，通过社会实践反馈自己对财务软件的应用与操作问题，进而提升对各种财务软件的实际操作能力。但是，在帮助学生解决其所遇到的财务软件学习问题时，教师不仅要通过自身讲解和说明的方式开展教学，还需要通过学生之间相互讲解的方式进行讨论式教学，这样既能够促进学生之间展开深入的交流，又能够帮助教师了解学生对各种财务软件的学习和掌握情况。同时，教师还可以根据学生对各种财务软件的学习情况，帮助学生建立数据库，从而更好地帮助学生做好数据分析工作，了解学生在会计知识运用以及财务软件使用中的困惑点，进而开展更有针对性和更为有效的教学活动。

三、开展云计算教学

（一）建立云计算教育平台

云计算是大数据时代的产物之一，是一种将网络大数据进行分割计算，再将计算结果合并的一种计算方式。在会计日常工作中，可以通过云计算的方式为用户带来网络、金融以及性能较高的计算服务。一般而言，云计算可以分为公有云、私有云以及混合云三种方式，不同的云计算方式分别针对不同类型以及具有不同需求的企业。就普通高等院校而言，建设私有云的成本相对较高，因此可以利用混合云实现云计算中的功能。

从目前的教育业发展情况来看，建立云会计平台是高等院校会计专业发展的必然趋势。所以，高等院校应当开发会计教育网络应用程序，在确保信息稳定的前提下，与云计算系统相连接，进而实现数据的共享。基于教学需求，云计算教育平台应含有会计数据系统、会计模拟操作系统、移动终端系统和会计教学系统。

首先，会计数据系统。会计数据是开展会计工作的基础，可以说，会计工作就是一件一直和数据打交道的工作。如果是企业会计，那么其数据主要包括企业内部的数据以及在云会计平台内保存的共享数据。而高等院校教学除了存储以上数据外，还需要对日常教学过程中出现的数据进行统计。因为高等院校应用的是混合云系统，所以其中必然也会应用到企业数据，对此高等院校应当做好相应的安全保密工作，以免影响到企业的安全运转。

其次，会计模拟操作系统。该系统将是引导会计专业的学生开展会计学习的重要操作系统，会计专业的学生正是在该系统所模拟的会计情境下进行实践学习，这对提升学生的动手操作实践能力具有很大的帮助。同时，该系统还应当具有一定的打分功能，这样就能够对会计专业学生的操作过程进行评判，从而规范会计专业学生的会计操作，以提升会计专业学生的实际操作能力。

再次，移动终端系统。设计该系统的目的主要是方便会计专业学生的实践操作。现在已经进入移动端时代，手机的功能越来越多样化，而且智能化，其在帮助人们打破地域和时间限制的同时，又极大地提高了人们的办公效率。未来的会计办公必然也会在移动终端系统实现，这样会计工作人员就能够随时随地开展会计事务处理，方便快捷。

最后，会计教学系统。会计教学系统主要是针对课堂会计专业知识教学而开发并设计的，主要由一些小的系统模块组成，不同的系统模块分别负责和管理不同的内容。比如，可以将其设计为课堂教学模块、效果设计模块等，课堂教学模块主要用于了解学生对会计知识的学习情况，效果设计模块主要对学生的学习效果进行分析，并挖掘出学生在会计专业知识学习中存在的不足，进而加以完善。

（二）利用云计算进行实践

教师还可以将会计教学内容上传至云计算系统，方便学生自主学习与复习。因为云计算系统是与企业数据信息相结合的，所以在学生针对某企业的会计报税等信息进行实践操作之后，学生还可以通过后续的企业报税信息进行实践操作结果验证。这种实践操作可以理解为一种变相的社会实践，因为学生通过参考企业数据信息开展会计管理工作时，已与企业的专业会计站在了同一起点。因为会计专业的学生尚处于学习阶段，所以其在开展会计实践操作时，对于各种会计专业知识的运用能力及运用方法尚未全面灵活掌握，这就需要通过加强实践自主练习提升自身的会计专业水平。学生通过云计算平台直接参与企业财务管理工作，对会计专业知识运用能力的提升会起到很好的促进作用。而且通过对比学生与会计专业人士的计算结果，还能够有效促进学生自主思考，对提升学生的会计思维能力、疏通学生可能存在的知识障碍具有很大的帮助。因为当学生对某些会计专业知识存在误解时，自身是很难发现的，只有经过实际操作，才能将自己存在的知识盲点挖掘出来，进而加深对该部分会计专业知识的理解。此外，会计专业教师通过云计算平台开展网络课堂教学，也进一步丰富了课堂教学形式。

总而言之，构建云会计平台，可以强化学生与学校以及教师之间的沟通与交流，还有助于提升会计专业学生的动手操作能力，有助于科学分配课程比例，强化教育改革，创新会计课程，进一步推动会计专业教学的高质量发展。

参 考 文 献

[1]冯梅笑.大数据背景下智能会计信息系统构建与应用[M].北京：经济管理出版社，2020.

[2]孙玲.大数据时代职业院校会计人才培养模式的改革与创新[M].北京：中国纺织出版社，2021.

[3]董海慧.应用型人才培养视角下的会计教学改革研究[M].北京：北京工业大学出版社，2020.

[4]李靖.大数据背景下应用型人才培养教学模式创新研究：以会计专业为例[M].长春：吉林大学出版社，2021.

[5]刘赛，刘小海.新时期高校会计教学创新改革与实践教学研究[M].北京：北京工业大学出版社，2021.

[6]景静.财务会计与企业管理研究[M].北京：北京工业大学出版社，2021.

[7]梁丽媛.我国高校会计人才培养与教学研究[M].北京：北京工业大学出版社，2019.

[8]罗健，刘小海.会计教学改革新路径探索：互联网时代的呼唤[M].沈阳：沈阳出版社，2020.

[9]吴脊，闫红，段琼.互联网时代会计人才培养的教学改革研究[M].太原：山西经济出版社，2021.

[10]赵浚.数字化管理会计人才培养研究[M].北京：中国商业出版社，2021.

[11]陶传彪，陈鹏，谢广霞.管理会计与教学实践研究[M].长春：吉林教育出版社，2021.

[12]李欣，徐文思，李杉杉.新时期会计基础理论与实务研究[M].太原：山西经济出版社，2021.

[13]王海燕，王亚楠.会计信息化教学研究[M].长春：吉林大学出版社，2020.

[14]颉茂华.财务会计教学案例研究[M].北京：企业管理出版社，2019.

[15]张海燕，曾晓莉，冯素玲.会计理论探索与教学实践研究[M].北京：北京工业大学出版社，2021.

[16]罗伟峰.高级财务会计教学案例[M].广州：华南理工大学出版社，2020.

[17]李树强.应用型会计人才培养研究[M].武汉：武汉大学出版社，2020.

[18]杨则文.大数据与会计专业群教学标准[M].北京：中国财政经济出版社，2022.

[19]丁皓庆，冀玉玲，安存红.现代信息技术与会计教学研究[M].北京：经济日报出版社，2019.

[20]李德柱.现代会计教学与专业实践探究[M].天津：天津科学技术出版社，2020.

[21]饶明晓.会计专业教育教学改革研究[M].西安：西北工业大学出版社，2020.

[22]程平,夏会.会计大数据基础[M].北京：中国人民大学出版社，2022.